科技部科技创新战略研究专项
"推进农业农村现代化中的科技创新重大问题研究"
(ZLY201748)专题系列报告

典型国家农业农村现代化理论与实践研究

张 辉 王 静 吴东立 于 磊●编著

·北京·

图书在版编目（CIP）数据

典型国家农业农村现代化理论与实践研究 / 张辉等编著 —北京：科学技术文献出版社，2019.3
ISBN 978-7-5189-5236-6

Ⅰ.①典… Ⅱ.①张… Ⅲ.①农业现代化—研究—中国 ②农村现代化—研究—中国 Ⅳ.① F320.1

中国版本图书馆 CIP 数据核字（2019）第 027941 号

典型国家农业农村现代化理论与实践研究

策划编辑：郝迎聪　魏宗梅　责任编辑：赵　斌　李　鑫　马新娟　责任校对：文　浩　责任出版：张志平

出 版 者	科学技术文献出版社
地　　址	北京市复兴路15号　邮编 100038
编 务 部	（010）58882938，58882087（传真）
发 行 部	（010）58882868，58882870（传真）
邮 购 部	（010）58882873
官方网址	www.stdp.com.cn
发 行 者	科学技术文献出版社发行　全国各地新华书店经销
印 刷 者	北京时尚印佳彩色印刷有限公司
版　　次	2019年3月第1版　2019年3月第1次印刷
开　　本	710×1000　1/16
字　　数	126千
印　　张	8.75
书　　号	ISBN 978-7-5189-5236-6
定　　价	46.00元

版权所有　违法必究

购买本社图书，凡字迹不清、缺页、倒页、脱页者，本社发行部负责调换

《农业农村现代化与科技创新重大问题研究》丛书编委会

顾　问　刘　旭

主　编　贾敬敦

副主编　王文月　柏雨岑　张　辉　李宇飞　戴炳业
　　　　　王振忠　魏　珣　王　静

编　委（以姓氏笔画排序）

丁红雷　于　磊　马贤磊　王　梁　王　博　王仕涛
云昭洁　尤海涛　叶世英　兰可可　邢　颖　朱　娅
刘　钦　刘　慧　许云芳　杜岳峰　李　扬　李　旻
李岚春　李敬锁　杨　明　杨忠臣　杨艳萍　肖　松
吴世嘉　吴东立　邱天龙　何　荣　辛德树　张文立
张建胜　张艳新　张蓓蓓　陆　强　陈杭君　武国峰
武明宇　范欲晓　金书秦　周　雷　周月鹏　周向阳
宓灏文　赵西君　姜　玲　袁建霞　钱加荣　唐　玲
梅　燚　盛建新　崔　莹　崔　峰　葛立群　韩　青
谢凤杰　蒲红霞　蔡　剑　蔡路昀

《典型国家农业农村现代化理论与实践研究》
课 题 组

课题负责人：

张　辉　中国农村技术开发中心

王　静　中国农村技术开发中心

课题执行负责人：

吴东立　沈阳农业大学

于　磊　河北农业大学

杨艳萍　中国科学院文献情报中心

刘　钦　江苏省农业科学院

课题组成员：（以姓氏笔画排序）

兰可可　广东省农业科学院

李　旻　沈阳农业大学

杨　明　中国科学院发展规划局

张艳新　河北农业大学

武国峰　江苏省农业科学院

梅　燚　江苏省农业科学院

谢凤杰　沈阳农业大学

蒲红霞　沈阳农业大学

蔡路昀　渤海大学

前言
PREFACE

  农业农村现代化是我国农业高质量发展的根本出路。党的十九大报告从战略和全局高度明确提出：坚持农业农村优先发展，加快推进农业农村现代化，走中国特色乡村振兴道路，努力让农业成为有奔头的产业，让农民成为有吸引力的职业，让农村成为安居乐业的美丽家园。近年来，我国农业农村发展取得了一系列重大成就，为乡村振兴战略奠定了坚实的基础。但也要清醒地认识到，农业农村发展不平衡、不充分的问题仍然凸显，是制约全面建设小康社会的突出短板。要走出一条适合中国国情的农业农村现代化道路，除了不断激发内生创新动能，也要广泛汲取国际经验启示。

  本研究是"推进农业农村现代化中的科技创新重大问题研究"系列专题研究之一，基于人地关系研究视角，分别对以美国和澳大利亚为代表的人少地多的大规模农业类国家，以英国、法国、德国为代表的人地关系相对适中的中等规模农业类国家，以日本、韩国为代表的人多地少的小规模农业类国家，以及具有较为明显农业发展特色的以色列、荷兰、瑞典和巴西开展国别研究。在深入分析世界农业农村现代化理论基础上，对典型国家农业发展的基本概况、历史进程与经验特点挖掘剖析，探寻典型国家农业农村现代化的共性特点与一般规律，为我国深入实施乡村振兴战略、加快推进农业农村高质量优先发展提供参考借鉴。

  本研究的开展得到了中国农村技术开发中心的重视与支持及科技部科技创新战略研究专项"推进农业农村现代化中的科技创新重大问题研究"

典型国家农业农村现代化理论与实践研究

（ZLY201748）的资助，得益于各位课题组成员的倾力付出与全力支持，在此一并致谢。

编写人员虽然殚精竭虑，力求广采博取，但书中内容难免有疏漏和不足之处，望相关专家和广大读者不吝批评指正。

《典型国家农业农村现代化理论与实践研究》课题组

2019 年 1 月

目录 CONTENTS

第一章 导 论 ·· 1
  一、研究背景 ······································· 1
  二、研究目的与意义 ·································· 5
  三、框架设计 ······································· 6

第二章 世界农业农村现代化理论概述 ····················· 10
  一、农业农村现代化内涵界定 ·························· 10
  二、农业农村现代化理论综述 ·························· 11
  三、世界农业农村现代化发展历程 ······················ 16

第三章 大规模农业类国家农业农村现代化实践与经验 ······ 21
  一、美国农业农村现代化实践与经验 ···················· 21
  二、澳大利亚农业农村现代化实践与经验 ················ 31

第四章 中等规模农业类国家农业农村现代化实践与经验 ···· 41
  一、英国农业农村现代化实践与经验 ···················· 41
  二、法国农业农村现代化实践与经验 ···················· 46

三、德国农业农村现代化实践与经验 ………………………… 52

第五章 小规模农业类国家农业农村现代化实践与经验 ……… 62
一、日本农业农村现代化实践与经验 ………………………… 62
二、韩国农业农村现代化实践与经验 ………………………… 73

第六章 特色农业类国家农业农村现代化实践与经验 ………… 83
一、以色列农业农村现代化实践与经验 ……………………… 83
二、荷兰农业农村现代化实践与经验 ………………………… 91
三、瑞典农业农村现代化实践与经验 ………………………… 99
四、巴西农业农村现代化实践与经验 ………………………… 106

第七章 国际经验对我国农业农村现代化的借鉴与启示 ……… 117
一、引　言 ……………………………………………………… 117
二、不同类型典型国家农业农村现代化发展特色 …………… 117
三、典型国家农业农村现代化发展共性经验借鉴 …………… 122
四、启示与建议 ………………………………………………… 126

第一章　导　论

一、研究背景

（一）国家推动实施乡村振兴战略，为农业农村现代化发展提出新要求

实施乡村振兴战略，是党的十九大做出的重大决策部署。习近平总书记在党的十九大报告中明确提出，要"按照产业兴旺、生态宜居、乡风文明、治理有效、生活富裕的总要求，建立健全城乡融合发展体制机制和政策体系，加快推进农业农村现代化"。2018年中央一号文件聚焦乡村振兴主题，强调要坚持质量兴农、绿色兴农，以农业供给侧结构性改革为主线，加快构建现代农业产业体系、生产体系、经营体系，提高农业创新力、竞争力和全要素生产率，加快实现由农业大国向农业强国转变。准确把握"二十字"总要求及"质量兴农、绿色兴农"的科学内涵，对于指导推进我国农业农村现代化，迈向农业高质量发展新时代具有重要意义。

实现农业农村现代化是乡村振兴战略实施的总目标，实现这一目标的具体路径则体现在乡村产业振兴、人才振兴、文化振兴、生态振兴和农民生活富裕。产业振兴，就是要围绕农村一二三产业融合发展，构建完善乡村产业体系、生产体系、经营体系，推动现代农业产业兴旺发展；人才振兴，就是要培养造就职业农民队伍和懂农业、爱农村、爱农民的"三农"工作队伍，提供乡村振兴坚实人才保障；文化振兴，就是要注重农村思想道德建设和公共文化建设，将传统文明和现代文明有机融合，构建中国特色的现代乡村文明体系；生态振兴，就是要坚持绿色发展，建设农村宜居环境，完善农村生活设施，打造农民安居乐业的美丽家园；生活富裕，就是要消除乡村贫困，缩小城乡居民在收入和社会保障方面的差距，实现乡村人口全面小康基础上的"生活富裕"，这

也是乡村振兴战略实施的最终目标。

（二）我国农业农村发展取得重要成就，为乡村振兴战略实施奠定良好基础

党的十八大以来，党中央围绕实施创新驱动发展战略做出一系列重大决策部署，有力推动了我国粮食生产能力跨上新台阶，农民收入持续增长，农村民生全面改善，农村生态文明建设显著加强，农民获得感大幅提升，农村社会稳定和谐，农业农村现代化发展取得的重大成就，为实施乡村振兴战略实施打下坚实基础。

一是农业综合生产能力大幅提升。农业生产逐渐从资源驱动向科技驱动转变，在耕地、淡水等资源约束加剧情况下，先后成功培育高产优质主要农作物品种、新组合 2 万余个，优良畜禽水产新品种 200 多个。经过 5～6 次大规模品种更新换代，主要农作物良种覆盖率超过 96%，畜禽水产品种良种化、国产化比例持续提升，为推动我国粮食总产量连续 5 年保持在 0.6 万亿千克以上，肉、禽、蛋和水产品产量保持世界第一提供了强有力的科技支撑。

二是农业生产发展方式实现转变。农业机械化加快推进，轻简化省力化栽培、全程机械化步伐加快，主要农作物耕种收综合机械化水平超过 65%；农业绿色发展步伐加快，在耕地质量提升、化肥农药减施增效、农业废弃物资源化利用等领域推广先进技术模式，2017 年农药化肥施用实现负增长；农村三产融合加快推进，重点发展食品安全、休闲农业、创意农业、观光农业等新业态，延伸产业链，提升竞争力。

三是农村居民收入持续增长。2016 年全国农村居民人均可支配收入达到 12 363 元，增幅连续 7 年高于城镇。城乡居民人均收入倍差从 2009 年的 3.33 倍下降到 2017 年的 2.71 倍，同时，我国精准扶贫、精准脱贫也取得了巨大成效。2013—2016 年农村贫困人口年均减少 1391 万人，累计脱贫 5564 万人，贫困发生率从 2012 年年底的 10.2% 下降至 2016 年年底的 4.5%。

四是农村发展水平稳步提高。深入开展农村人居环境治理，持续推进兼具现代文明和田园风光的宜居宜业乡村建设。目前，国内农村基础设施建设逐步完善，99.7%的自然村已通公路、通电、通电话，自来水、天然气、宽带网络等便利的生活设施完善；农村生产生活环境得到有效治理，文化娱乐设施稳步建设，农民精神文化生活极大丰富，获得感和幸福感不断提高。

（三）农业农村发展不平衡、不充分的问题仍然突显，制约着全面现代化和决胜小康社会新征程的步伐

虽然我国的农业农村实现了一定程度上的变革与发展，但我们也应该清醒地看到，新时代中国社会的主要矛盾已转变为人民日益增长的美好生活需要和不平衡、不充分发展之间的矛盾，我国最大的发展不平衡是城乡发展的不平衡，最大的发展不充分是农村发展的不充分，目前已经成为决胜全面小康社会的最大制约和突出短板。主要表现在以下几个方面。

一是农业质量效益仍然不高，质量兴农、品牌强农发展目标任重道远。近年来，中央为确保粮食生产大力实施"藏粮于地、藏粮于技"战略，粮食产能稳步登上新台阶。但是我国农业体量大，农牧渔、种养加各产业门类齐全，总体是大而不强、多而不优，突出问题是精深加工不足、产业链条短，农村一二三产业融合不紧，农民卖的大多还是"原字号""初字号"农产品，质量效益竞争力不强，农产品加工业与农业总产值比仅为2.2∶1，"谁来种地、谁来养猪"问题依然突出，农业产业发展亟须走出一条由增产向提质的转型之路。

二是资源要素持续向城市净流入的基本格局并未改变，引导以"人、地、钱"为核心内容的资源要素向农村流动仍然面临不少障碍。2010年以来，城乡收入差距开始出现缩小的势头，2014年首次降至3倍以下，资源要素向农村回流的拐点开始呈现，但仍处起步阶段。我国要素市场建设相对滞后，短期内城市资源要素"下乡"还无法完全规避长期以来形成的制度壁垒、文化壁垒、教育壁垒与投资壁垒等。农地政策落实困难、农村金融市场发育滞后、教育发展不足、公共基础设施供给差等制约性因素的存在，都严重束缚了各项资源要素的双向流动，资源要素由农村向城市的单向流动仍然表现出巨大的惯性力量。

三是农村人居环境和生态问题仍然很突出，资源硬约束日益加剧，粗放型的农业生产经营方式难以为继。我国的基本国情是人多、地少、水资源缺乏，耕地质量下降，黑土层变薄、土壤酸化、耕作层变浅等问题凸显，农田灌溉水有效利用系数比发达国家平均水平低 0.2。工业"三废"和城市生活等外源污染向农业农村扩散，而农村垃圾、污水处理水平较低，上亿亩耕地不同程度受到重金属污染。农业清洁生产方式普及不到位，循环农业发展激励机制不完善，农业生态补偿机制不健全，尚需进一步加大力度推动农村人居环境整治和美丽宜居乡村建设。

四是以市场需求为导向的农业科技创新机制尚未完全建立，自主创新能力仍显不足。当前我国农业科技创新主体呈现多元化的形式，高等院校、科研院所和涉农企业共同支撑了农业科技创新，但存在创新成果与市场需求存在差距、成果转化率不高的问题。目前，我国农业科技转化率仅有 30%～40%，远低于发达国家 65%～85% 的水平。涉农企业作为农业科技创新主体的地位有待提升，研发能力有待进一步加强。2017 年农业十大标志性成果的第一完成单位均为院校，反映农业高新技术企业的创新能力相对薄弱。

（四）发达国家农业农村现代化发展实践经验，为我国乡村振兴提供启示借鉴

当前，我国正处于传统农业向现代农业的转型阶段，要走出一条适合中国国情的农业现代化道路，除了依据自身经验和发展需要解决农业现代化建设过程中存在的问题，也可以探析发达国家在发展现代农业过程中的经验和教训，发掘一些共性和普遍的规律，为进一步指导我国农业农村现代化建设提供有价值的参考。

世界发达国家现代化进程表明，农业现代化和工业现代化基本都遵循"农业基础、工业优先、互为支撑、协调发展"的路径与模式。18 世纪中期以来，英国、德国、法国、美国等用了 200 年左右的时间，完成了从传统农业向初级现代农业、自给型农业向市场化农业的转型，农业基本实现了市场化、集约化、专业化、机械化、化学化、良种化、标准化等，农业劳动生产率、土地产出率和农民生活水平大幅提高，农业劳动力比例和农业 GDP 比例不断下降，分别降至 3.1% 和 1.4%。20 世纪 60 年代以来，发达国家现代农业呈现信息化、

精准化、绿色化和国际化等趋势，工业化农业逐步向知识化农业发展，农业综合效益、农产品质量和农民生活质量显著改善。

从发达国家农业农村现代化发展历程看，特别是以美国和澳大利亚为代表的大规模农业类国家，以英国、法国和德国为代表的中等规模农业类国家，以日本和韩国为代表的小规模农业类国家和以以色列、荷兰、瑞典和巴西为代表的特色农业类国家，它们分别根据本国的自然资源禀赋、社会经济发展水平、农业科技发展水平和国情特点，采取差异化的发展路径，实现农业农村现代化进程，但本质上其实殊途同归，各国都会不同程度地将现代农业发展重点放在劳动生产率、土地产出率、资源利用率"三率"的共同提高上，都将实现农业现代化的基本途径锁定在依靠生物技术、智能装备和数字农业三大战略支撑点上。我国幅员辽阔，不同区域资源特点各异，不同类型发达国家发展实践经验对我国不同区域农业农村现代化发展具有重要借鉴意义。

二、研究目的与意义

本研究通过梳理国内外农业农村现代化理论文献综述，对典型国家农业农村现代化发展路径深入探究分析，尤其是历史进程、特点、积累的经验和教训，最后结合典型国家发展经验和我国实际情况，理论研究与实践分析相结合，提出实施乡村振兴战略、加快我国农业农村现代化发展的对策和建议，以期为我国农业农村现代化发展提供借鉴。一是梳理世界农业农村现代化的基本原理、演变历程与发展趋势，从中提炼出对我国农业农村现代化实践具有借鉴作用的核心观点，结合我国农业农村实际情况总结出适合我国农业农村现代化发展的主体理论，具有很好的理论指导意义。二是不同典型国家和地区资源禀赋不同，农业发展进程不同，农业农村现代化过程中所面临的历史机遇不同，而我国地区之间资源禀赋同样也存在差异性，在当前乡村振兴和大力兴农的大背景下，正可以相应借鉴。因此，以我国不同典型地区来对标国际上典型国家农业农村现代化发展特点，结合我国目前所面临的农业农村国际大环境，立足当前、回顾过往历史经验，具有很好的现实意义，是宏观战略层面的发展路径选择。三是通过借鉴典型发达国家在发展现代农业过程中的一些实践经验，依据不同典型国家对我国不同地区农业农村现代化发展的启示，坚持农业农村优先发展的理念和特色，达到让农业和农村同时和整个国家实现现代化的目的，最终实现乡村振兴和"三农"现代化。

三、框架设计

（一）研究框架与技术路线

按照党的十九大报告、中央一号文件、2018年政府工作报告中关于加快推进农业农村现代化的要求，对典型国家农业农村现代化理论与实践进行专题研究，分析和借鉴发达国家在实现农业农村现代化过程所积累的经验和教训，为我国推进农业农村现代化提出针对性的意见和建议。具体见图1-1。

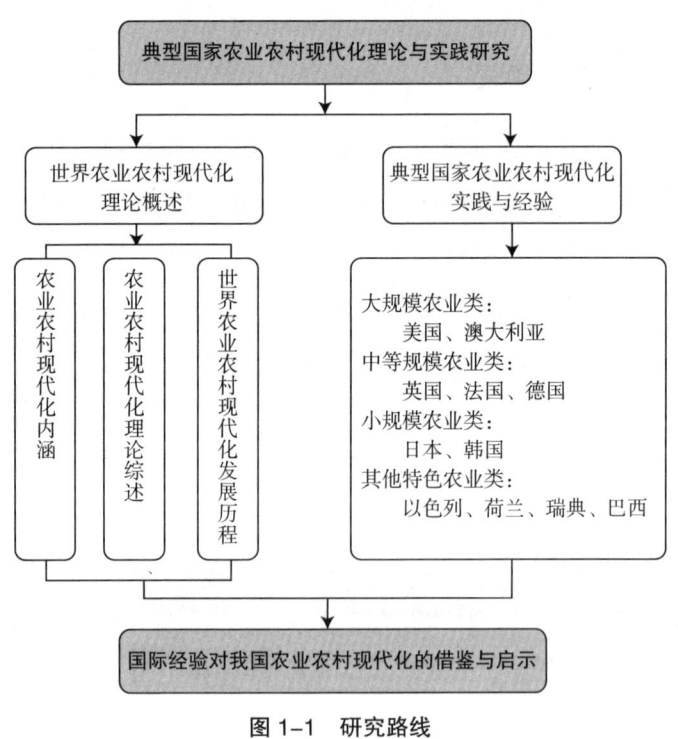

图1-1　研究路线

第一章 导　论

（二）典型国家分类及依据

农业农村现代化是一个国家或地区经济社会发展的必然要求，更是人类社会文明进步的重要标志。纵观世界发达国家农业农村现代化的道路与历程，由于资源禀赋、社会制度、文化传统和重大历史事件影响的差异，不同国家现代化的道路具有不同的实现路径与发展模式，表现出不同的特点，却又具有共同的指向性，"条条大路通罗马"，殊途同归。由于农业生产具有自然再生产和社会再生产的双重属性，这其中最为重要的影响因素就是人地关系。为此，本研究从人地关系这一视角出发，将世界各国农业农村现代化发展模式分为三类：一是人少地多，农业资源禀赋较好的大规模农业类国家，以美国和澳大利亚为代表；二是人地关系相对适中，以中小规模经营为主的中等规模农业类国家，以英国、法国、德国为代表；三是人多地少，以小规模家庭经营为主的小规模农业类国家，以日本、韩国为代表。此外，还选择了以色列、荷兰、瑞典、巴西等具有较为明显农业发展特色的国家作为第四类进行补充研究。具体见表1-1。

表1-1　典型国家选择依据与分类

类别	典型国家	主要特征
大规模农业类	美国	人少地多，以大规模农场经营为主。农业资源禀赋较好，机械化、组织化程度高，农科教结合紧密等
	澳大利亚	人少地多，以大规模农场经营为主。农业资源禀赋差异性大，机械化程度高，畜牧业特别发达，外向型农业特征明显等
中等规模农业类	英国	以中小规模农场经营为主。农业资源禀赋在欧洲较好，以畜牧业为主导，农业区域化、机械化、专业化程度高，高投入高产出型农业等
	法国	人均土地有限，以中小规模农场经营为主。欧洲最大的农业国家，畜牧业和食品加工发达，三产融合度高，农业竞争力强，组织化程度高等
	德国	人均土地有限，以中小规模农场经营为主。农业组织化、机械化发达，产业链完整，农产品附加值高等

续表

类别	典型国家	主要特征
小规模农业类	日本、韩国	人多地少，以小规模家庭经营为主。农业资源禀赋差，农协组织发达，农民兼业化、老龄化严重，三产融合度高等
其他特色农业类	以色列	农业资源禀赋条件极差，干旱缺水（类似我国西北地区），农业科技发达，如节水、无土栽培、温室等技术对农业发展贡献大，是世界上资源节约型农业的典范
其他特色农业类	荷兰	人口稠密的资源贫瘠小国，是科技型农业的典范，设施农业发达，园艺产业世界竞争力强，花卉年生产量居世界首位
其他特色农业类	瑞典	闻名世界的森林之国，土地资源相对贫乏，畜牧业发达，是世界生态农业发展的典范
其他特色农业类	巴西	农业资源禀赋较好，农业资源利用潜力大，区域发展不平衡，重视农业科技创新，是成功实现农业转型的国家典范（从粮食进口国转变为世界粮仓）

中国是一个地大物博、人口众多的农业大国，区域差异较大，中国农业农村现代化道路应更具有特殊性、复杂性和多样性。期望能从以上4类国家现代化道路与发展实践中获得有益的借鉴和启示。

（三）研究内容与结构安排

本课题研究报告共分为7章。

第一章：导论。主要提出典型国家农业农村现代化理论与实践的研究背景、研究目的与意义及框架设计。

第二章：世界农业农村现代化理论概述。主要围绕农业农村现代化内涵、理论综述及世界农业农村现代化发展历程等3个角度开展相关研究。

第三章：大规模农业类国家农业农村现代化实践与经验。本章主要选取美国和澳大利亚，对两国农业发展概况、农业农村现代化历程及典型经验特点进行分析研究。

第四章：中等规模农业类国家农业农村现代化实践与经验。本章主要选取英国、法国和德国，对3个国家农业发展概况、农业农村现代化历程及典型经验特点进行分析研究。

第五章：小规模农业类国家农业农村现代化实践与经验。本章主要选取日本和韩国，对2个国家农业发展概况、农业农村现代化历程及典型经验特点进行分析研究。

第六章：特色农业类国家农业农村现代化实践与经验。本章主要选取以色列、荷兰、瑞典和巴西，对4个国家农业发展概况、农业农村现代化历程及典型经验特点进行分析研究。

第七章：国际经验对我国农业农村现代化的借鉴与启示。通过对典型国家农业农村现代化发展实践的系统分析，提出乡村振兴战略实施背景下对我国农业农村现代化发展的启示借鉴。

第二章 世界农业农村现代化理论概述

农业现代化是一个世界范畴的、综合的、历史的和发展的概念,它作为一个渐进的、动态的、阶段性的发展过程,在不同的时空发展下,随着人类认识理解程度的加深而不断被赋予新内容和新观点。第一次和第二次工业革命后,人们对农业现代化的理解主要是机械化、电气化、水利化等;第三次工业革命和第一次绿色革命后,农业现代化增添了两个重要标志——良种化、化学化;随着20世纪后半叶以来现代科学技术、工业装备、管理理论和全球市场经营理念等日新月异的快速发展及其与农业发展的有机融合,科学化、技术化、集约化、专业化、服务社会化等成为农业现代化新的内涵;近20年来,生态农业与可持续发展逐步成为农业现代化追求的新理念和新模式,资源节约、环境友好、可持续发展成为21世纪农业现代化的新诠释。

一、农业农村现代化内涵界定

农业现代化是改造传统农业的过程,是用现代物质条件装备农业,用现代科学技术改造农业,用现代产业体系提升农业,用现代经营形式推进农业,用现代发展理念引领农业,用培养新型农民发展农业。从过程上来看,农业现代化发展是要不断提高农业机械化、水利化、化学化、电气化、科技化、适度规模化、生态良性化、专业化及生产者知识化。从结果上看,农业现代化发展是要提高农业劳动生产率、土地产出率和商品化率。

农村现代化是以农村为中心,并将其置于整个社会经济大系统的现代化之中,包括以下几个基本内涵:一是农村现代化物质基础——农业现代化,即在农村现代化过程中,传统种植农业逐步转型为机械化、水利化、化学化、电气化、科技化、适度规模化、生态良性化、专业化及生产者知识化的现代大农业;二是农村现代化主要内容——经济现代化,即在农村现代化过程中,传统农村经济逐步转变为市场化、工业化、城市化、持续化的现代市场经济；三是农村现代化重要方面——社会现代化，即在农村现代化过程中，逐步实现农村社会民主化、法制化、文明化、稳定化；四是农村现代化基本保证——制度现代化，即在农村现代化的过程中，逐步实现制度创新，规范政府行为，强化政策导向。

根据党的十九大报告，农村现代化应该是产业兴旺、生态宜居、乡风文明、治理有效、生活富裕。产业兴旺、生态宜居属于硬件方面的内容，而乡风文明、治理有效属于软件方面的内容，生活富裕则是目标。产业兴旺是农业现代化的内容，以农业产业为主，当然乡村也是多样并举；生态宜居是指乡村的居住条件，漂亮优美；乡风文明、治理有效是指民风与治理都应该与硬件一样美丽大气；生活富裕应该是小康阶段的目标，即指在农村生活不能比城市贫困。

农业现代化有狭义农业现代化和广义农业现代化之分，狭义的农业现代化是指农业产业的现代化，广义的农业现代化是"三农"的现代化，还包括农村现代化和农民现代化。狭义的农业现代化与农村现代化间是被包含与包含关系，农业现代化是农村现代化的重要组成与物质基础。广义的农业现代化是"三农"的现代化，包含农业产业现代化、农业环境现代化和农业主体现代化三大内容。农业产业现代化是农业本身的现代化。农业环境现代化是农业产业外部社会环境的现代化，实质上是农村的现代化。农业主体现代化是农业劳动者的现代化，即农民现代化。

本研究的农业农村现代化本质上是广义的农业现代化。

二、农业农村现代化理论综述

（一）国外农业农村现代化理论

发达国家城乡发展是一体的，不具有中国的城乡二元经济结构特点。发达国家的农业现代化理论并未严格区分农业现代化和农村现代化，而是统称为农业现代化，即包括政治、经济、社会和文化等方面内容的全方位的社会变革。目前，国外农业农村现代化理论主要包括改造传统农业理论、诱导的创新理论、城市工业影响理论、高效益投入理论及资源开发理论。

典型国家农业农村现代化理论与实践研究

1. 改造传统农业理论

西奥多·舒尔茨的改造传统农业理论，对农业现代化的发展具有重大影响。舒尔茨从理论上阐明了农业和农民在经济发展中的重要地位和积极作用，对传统农业的性质提出了新的见解。舒尔茨认为发展中国家的经济成长，有赖于农业的迅速稳定的增长，而传统农业不具备迅速稳定增长的能力，出路在于把传统农业改造为现代农业，即实现农业现代化。制度保证是改造传统农业的首要任务，运用以经济刺激为基础的市场方式，通过农产品和生产要素的价格变动来刺激农民；适度规模是改造传统农业的必要条件，反对建立大规模农场，舒尔茨指出要使农民乐意接受新的生产要素，就必须使这些生产要素有利可图，一方面取决于新生产要素的价格和产量，另一方面取决于政策因素。

2. 诱导的创新理论

诱导的创新理论来源于厂商理论，约翰·希克斯和汉斯·宾斯旺格对诱导的创新理论做出卓越的贡献，速水佑次郎和弗农·拉坦进一步丰富完善了诱导的创新理论。诱导的创新理论认为，一个国家获得农业生产率和产出迅速增长的能力，取决于在各种途径中进行有效选择的能力。一个社会可以利用多种途径来实现农业的技术变革。无弹性的土地供给给农业发展带来严重的制约，生物技术的进步却可以消除土地供给对农业发展的制约。同样，无弹性的劳动力供给给农业发展带来的制约可以通过机械技术的进步解决。如果不能有效消除资源禀赋的制约，就会抑制农业经济发展的进程。农业发展的有效理论是选择农业技术变革的最优途径的机制。诱导的创新理论把技术变革过程看作是经济制度的内生变量，把技术变革看作是对资源禀赋变化和需求增长的一种动态反映。

3. 城市工业影响理论

城市工业影响理论是由农业区位理论发展而来的。舒尔茨的"城市工业影响农业发展假说"认为，农业土地利用类型和农业土地经营集约化程度，不仅取决于土地的天然特性，更依赖于其经济状况，尤其取决于其到农产品消费的距离，位于城市中心周围的农业地区经济发展状况好，农业现代化水平也高。舒尔茨指出，要素和产品市场在城市工业迅速发展的区域比城市经济还没有转变到工业阶段的地区更能有效地发挥作用。

4. 高效益投入理论

农业技术具有高度的地区性，由于各地区地理气候和资源禀赋差异显著，在大多数情况下，发达国家开发发展的生产技术不可能直接转移应用到欠发达国家。即使对传统的自给自足的农业资源进行重新配置，也只能获得非常有限的农业经济增长。舒尔茨认为，在传统农业中，农民对农业资源的配置是理性和有效率的，农民之所以贫穷，是因为在大多数国家中，农民缺少对此做出反应的经济和技术方面的机会。因此，要把传统农业转变为经济增长的生产性源泉，其关键问题是投资，以便使贫困国家的农民能够获得现代高收益投入品。速水佑次郎和弗农·拉坦将此概括为"高收益投入理论"，并提出促进农业生产率提高的三种投资渠道：一是对农业实验站创造新技术、新知识进行投资；二是对工业部门开发、生产和销售新技术进行投资；三是对促进农民有效使用现代农业要素进行投资。

5. 资源开发理论

资源开发理论认为自然资源开发是农业经济发展的重要源泉，耕地和牧场是增加农业生产的主要途径。早期的农业生产受到生产力水平的限制，农业再生产主要依靠外延式的方法，依靠耕地面积的扩大来实现增收的目标。然而，农业是受自然资源禀赋制约最为严重的产业，而自然资源是有限的，因此，随着农业开发的扩大和自然资源的减少，单纯依靠自然资源开发而实现农业乃至经济增长的做法已经被世界各国所摒弃。速水佑次郎和弗农·拉坦认为，以资源开发模型为基础的农业增长，在长期内是不可持续的。而要实现农业的持续增长，就必须从单纯的资源开发模式中解脱出来，注重资源保持型或增进型技术的开发，用化肥等现代工业投入品替代自然土壤肥力，并着力开发新的作物品种。

（二）国内农业农村现代化理论

目前，国内关于农业农村现代化的理论并没有统一认识，多数学者仍停留在对农业农村现代化内涵界定、特征描述、阶段划分等方面的研究，何传启（2012）基于前人的经验理论总结概括了农业农村现代化的3种理论：经典农业现代化理论、两次农业现代化理论和广义农业现代化理论。

1. 经典农业现代化理论

经典农业现代化理论认为：农业现代化是从传统农业向现代农业的转型过程及其深刻变化，它包括农业的电气化、机械化、化学化、水利化、集约化、良种化、标准化、社会化、科学化、商业化、专业化和市场化等。农业现代化是从传统农业向现代农业转变的历史过程，包括农业劳动生产率、土地生产率、农业科技进步贡献率和农民收入大幅提高，现代农业经济体系、社会化服务体系和农业科技体系基本形成，完成农业的机械化、电气化、化学化、商业化和市场化，实现农业基础设施、生产技术和农民素质的现代化等。

具有不同资源禀赋国家的农业现代化的发展模式各异。人少地多的国家（如美国等）采用规模化、机械化和劳动节约型农业现代化模式；人多地少的国家（如日本等）采用资本密集、技术密集和土地节约型农业现代化模式；人均土地有限的国家（如法国等）采用集约化、机械化和专业化农业现代化模式。

劳动节约型农业现代化模式——美国模式。美国地域辽阔、人口稀少，土地、机械设备等农业物质资本较为丰富，获取成本和价格较低，但劳动力要素稀缺、价格较高。在农业生产过程中，为缓解高昂的劳动力成本制约，基于比较优势原则，通常使用廉价的土地和机械等物质资本替代高昂的劳动力，通过节约劳动力的途径实现农业现代化，达到农业生产的劳动资本比例最优。

资本节约型农业现代化模式——日本模式。日本人均占有耕地面积较小，不及美国人均耕地面积占有量的1/18。日本是典型的小农经济国家，劳动力要素充裕，劳动力获取成本和价格较低，但土地要素稀缺，价格十分昂贵。为实现农业现代化，日本制定了优先水利化、化学化而后机械化的方针，重点研究和推广生物技术，改进施肥方法，改良土壤等。在贯彻适应小规模经营的小型化、灵巧化的发展原则的基础上，引进、研究、改进国外先进的农业机械，适应本国的发展实际，走提高单产的"资本节约型"的农业现代化发展道路。

中性技术进步型农业现代化模式——法国模式。与美国和日本资源禀赋条件都不相同，法国既不存在劳动力资源短缺，又不存在耕地资源短缺的问题。法国农业现代化发展模式充分汲取了美国"劳动节约型"模式和日本"资本节约型"模式的优点,走资本和劳动力"双重"节约的"中性技术进步型"农业现代化发展道路,实现了机械技术与生物技术发展的并举协调。

2. 两次农业现代化理论

两次农业现代化理论是与两次现代化理论(第二次现代化理论)相并行的一种理论。目前,这种理论尚处于初级阶段,没有系统的理论表述。

农业现代化可以分为两个层次,第一个层次的农业现代化是为了提高农业的劳动生产率和土地生产率,满足人们对农产品数量需求不断增长的需要;第一个层次农业现代化是农业从自然生产向半商品生产的转变过程,是从自然经济走向物质经济的过程。第二个层次的农业现代化是为了提高农业生产效益,维持农业持续高速发展,满足人们对产品质量和种类的需要;第二个层次农业现代化是半商品生产走向商品生产的过程,是从物质经济走向知识经济的过程。第一层次农业现代化追求农业科技的主要特征是农业机械化、农业电气化、农业化学化和农业水利化,这一过程称为第一次农业现代化;第二层次农业现代化追求农业科技的主要特征是农业标准化、农业信息化、农业生物化、农业设施化和与之配套的管理现代化等,这一过程称为第二次农业现代化。

两次农业现代化理论将农业发展划分为3个阶段:传统农业、常规现代农业和现代可持续农业。从传统农业向常规现代农业的转变是第一次农业现代化,主要特点包括机械化、电气化、水利化、化学化、商品化和社会化等;从常规现代农业向现代可持续农业的转变是第二次农业现代化,主要特点包括标准化、知识化、专业化、信息化、生物化和设施化等,农业管理现代化,经济、社会与生态效益的协调发展。

3. 广义农业现代化理论

广义农业现代化理论认为:农业现代化是农业系统的现代化,是18世纪工业革命以来的一种农业变迁和国际竞争,是现代农业的形成、发展、转型和国际互动的前沿过程,是农业要素的创新、选择、传播、退出交替进行的复合过程,是追赶、达到和保持世界农业先进水平的国际竞争和国际分化等。

农业现代化是一个复杂过程,包括农业发展、农业转型、国际农业竞争、国际农业分化和国家农业分层,包括农业行为、农业结构、农业制度和观念的变化，包括农业发展的世界前沿和达到世界前沿的过程等。在18—21世纪，农业现代化过程的前沿轨迹可以分为两大阶段：第一次农业现代化是从传统农业向初级现代农业、从自给型农业向市场化农业的转型过程和深刻变化，它的主要特点包括市场化、集约化、机械化、化学化、专业化和农业比例下降等；第二次农业现代化包括从初级现代化农业向高级现代化农业、从市场化农业向知识型农业的转型，目前特点包括知识化、信息化、生态化、工厂化、国际化、多样化和生物技术的普遍应用等。两次农业现代化的协调发展是综合农业现代化，它遵循现代化的10个基本原则。

农业现代性、特色性、多样性和副作用的形成，包括农业效率和农民收入的提高、农业供给和需求的动态平衡、农民福利与农业环境的改善、农业科技和农业制度的发展、农业比例的下降及国家农业水平、国际农业地位和国际农业体系的变化等。第一次农业现代化的结果是第一农业现代性、特色性和多样性的形成，副作用包括农业环境污染和水土流失等；完成第一次农业现代化的主要标志是完成农业的市场化、机械化和体系化，农业效率、农业比例和农民收入达到市场化农业的先进水平（20世纪60年代的世界先进水平）。第二次农业现代化的结果是第二农业现代性、特色性和多样性的形成，副作用包括农业贸易冲突、食物风险等；完成第二次农业现代化的主要标志是完成知识化和生态化，农业综合效益和农民综合素质达到知识型农业的先进水平（未来某个时间的）等。实现农业现代化的基本标准包括农业效率、农民收入、农业比例和制度达到当时世界先进水平等。

三、世界农业农村现代化发展历程

世界农业现代化的内容非常丰富，按照历史事件，何传启（2012）将世界农业现代化发展历程概括为农业现代化的两大阶段和六次浪潮，两大阶段分别是世界第一次农业现代化和世界第二次农业现代化。

（一）世界第一次农业现代化的三次浪潮

农业现代化的第一次浪潮（约1763—1870年）。主要指第一次工业革命时期欧洲发生的农业革命，内容包括农业生产科学化（引进新品种和"科学种田"等）、农业产品商业化、农业经济市场化、农业技术机械化、农业用地集中化、农业劳动专业化、农业合作社和公司型农场等现代农业组织形式兴起、农民识字率提高、农业劳动力和增加值比例下降等。

农业现代化的第二次浪潮（约1870—1945年）。主要指第二次工业革命和两次世界大战期间世界农业的前沿变化，内容包括农业技术机械化和电气化、农业经济商品化和市场化、农业生产专业化和规模化、农业经营制度化和企业化、化学肥料和农药的使用、农业水利的发展、优良品种和农业科技的发展、农民素质提高、农业劳动力和增加值比例继续下降等。同时，水土流失加剧，农业污染出现，农业经济周期性危机发生，农业受自然灾害影响仍然严重等。

农业现代化的第三次浪潮（约1946—1970年）。包括第三次产业革命对世界农业的影响和农业国家的绿色革命等。世界农业的前沿变化包括农业技术的机械化、电气化和自动化，农业生产的专业化、标准化和规模化，农业服务的市场化和专业化，农业的集约化、良种化、水利化和化学化继续发展，国家农业政策和农业经济系统化，现代农业科技继续发展，农民素质大幅提高，农业劳动力和增加值比例继续下降，国际农业贸易增加，化肥和农药污染引起世界关注等。在此期间，发达国家先后完成以市场化、机械化、化学化和系统化为主要特征的第一次农业现代化，形成高效、科学的现代农业的经济、技术和政策体系。

（二）世界第二次农业现代化的三次浪潮

农业现代化的第四次浪潮（约1970—2020年）。受高技术、信息革命和生态革命的影响，世界农业前沿发生深刻变化。首先，信息革命引发农业的信息化浪潮。其次，生态革命引发生态农业、持续农业、有机农业和绿色农业等的兴起。再次，高技术（包括生物技术等）的发展，丰富了农业的技术选择，扩展了农业的发展前景。最后，知识经济和知识社会的兴起，带动农业经济的知识和生态转型，知识型农业快速发展。知识型农业目前的特点包括知识化、信息化、生态化、自然化、多样化、智能化、精准化和工厂化，农业比例继续下降等。

农业现代化的第五次浪潮预计发生在 2020—2025 年。它以新生物学革命为基础，包括生物工程、纳米工程、信息工程和新能源技术等在农业部门的应用和变化等。农业比例下降的趋势有可能发生逆转，知识型农业劳动力和增加值比例有可能上升。

农业现代化的第六次浪潮预计发生在 2050—2100 年。它以新物理学革命为基础，包括太空技术、生物工程、新型能源、超级制造和超级运输在农业部门的应用和变化等。知识型农业高度发达，工厂化、自然化和订单化农业等成为基本特征。

中国的农业农村现代化道路经历了 20 世纪 70 年代以来的改革开放，以及 2001 年正式加入世界贸易组织（WTO），全面参与了经济全球化进程，农业农村现代化的观念和重点发生了一系列的改变，已经进入全面推进农业现代化（信息化、机械化、科学化、专业化、工业化、生态农业、有机农业、农业科技园等），农业经济现代化（市场化、商品化、国际化、集约化、社会化、农业金融和农业期货市场等），农业要素现代化（农民素质和农民收入提高、农村基础设施改善）的时期，农业政策环境（农业税收改革和农业补贴）、农业制度和农业观念等发生巨大转变，发展重点已经进入提高农民收入、发展农业信息化和农业生态化等阶段。

现阶段中国农业农村现代化已经经历了第一次农业现代化的三次浪潮，正经历第二次农业现代化的第四次浪潮。中国经济持续快速的发展，使中国农业农村现代化实现了后发追赶模式，为了更好实现中国农业农村现代化，中国必须走科技创新的道路。中国各区域资源禀赋、经济发展水平的差异，使中国农业农村现代化发展道路兼具不同发达国家农业农村现代化发展特点，进一步研究典型国家农业农村现代化发展的进程与路径选择，总结典型国家农业农村现代化发展的经验与做法，对指导中国农业农村现代化发展具有重要的理论和实践意义。

参考文献

[1] 戴小枫,边全乐,付长亮.现代农业的发展内涵、特征与模式[J].中国农学通报,2007(3):504-507.

[2] 何传启.中国现代化报告2012:农业现代化研究[R].北京大学出版社,2012,4.

[3] 陈一飞,高万林,齐凯,等.现代智能农业技术引领农业现代化进程初探[J].农机化研究,2014,36(8):1-4.

[4] 杨敬宇.甘肃区域特色农业现代化政策研究[D].兰州:兰州大学,2011.

[5] 姜松.西部农业现代化演进过程及机理研究[D].重庆:西南大学,2014.

[6] 朱道华.略论农业现代化、农村现代化和农民现代化[J].沈阳农业大学学报(社会科学版),2002,4(3):178-181.

[7] 中国现代化战略研究课题组.中国现代化报告2012:农业现代化研究 综述:现代农业的新机遇[A].中国现代化报告2012:农业现代化研究(综述篇)[C].中国科学院中国现代化研究中心,2012:14.

[8] 郑风田.如何发展农村现代化来振兴乡村?[N].新农村商报,2017-11-08(A06).

[9] 陈枫.黑龙江垦区农业现代化问题研究[D].哈尔滨:东北农业大学,2004.

[10] 陈卓.中国工业化、城市化与农业现代化互动与融合关系的理论与实证研究[D].长沙:湖南农业大学,2014.

[11] 唐彪.重庆农村劳动力转移与农业现代化建设协调发展研究[D].重庆:西南大学,2009.

[12] 李月涵.重庆市涪陵区农业现代化的对策研究[D].长沙:中南林业科技大学,2015.

[13] 方莉.湖州市农业现代化发展研究[D].杭州:浙江海洋大学,2018.

[14] 新视野的博客.国外农业现代化的相关理论[EB/OL].[2010-11-25].http://blog.sina.com.cn/weijt1216.

[15] 西奥多·W.舒尔茨.改造传统农业[M].梁小民,译.北京:商务印书馆,1999.

[16] 熊昉.我国农业现代化进程中的田园城市模式探索[D].西安:西安石油大学,2014.

[17] 速水佑次郎,神门善久.农业经济论(新版)[M].沈金虎,等译.北京:中国农业出版社,2003.

[18] 何传启.农业现代化的基本原理和中国策略[J].中国科学基金,2012,26(4):223-

229.

[19] KENNEDY C R. The politics of agricultural modernization: a comparative study of land reform in Parkistan, India, Japan and Iran[J]. Austin: University of Texas at Austin, 1980.

[20] 张冬平. 沿海发达地区农业现代化进程与实现途径研究 [D]. 杭州：浙江大学，2003.

[21] 张冬平，黄祖辉. 农业现代化进程与农业科技关系透视 [J]. 中国农村经济，2002（11）：48-53.

[22] 邓启明，黄祖辉，胡剑锋. 以色列农业现代化的历程、成效及启示 [J]. 社会科学战线，2009（7）：74-78.

[23] 景刚，乔瑞中. 黑龙江省现代农业和农业服务业融合发展研究 [J]. 商业经济，2018（4）：10-12.

[24] 李凤梅. 国外农业现代化发展经验及对中国的启示 [J]. 世界农业，2011（9）：57-60.

[25] 王合翠. 美国农业现代化道路及对中国的启示 [J]. 科教导刊（电子版），2014（18）：107-108.

[26] 邱凤林. 世界农业现代化对中国特色农业现代化道路的启示 [J]. 理论与当代，2009（7）：31-33.

[27] 张占耕. 新时代中国特色农业现代化道路 [J]. 区域经济评论，2018（2）：102-111.

[28] 包宗顺. 国外农业现代化借鉴研究 [J]. 世界经济与政治论坛，2008（5）：112-117.

[29] 朱颂华. 农业现代化理论与实践 [M]. 上海：上海财经大学出版社，1998.

[30] 宋志勋. 关于我国农业现代化理论和实践的思考 [J]. 农业经济，2002（6）：11-12.

第三章 大规模农业类国家农业农村现代化实践与经验

美国和澳大利亚都是世界上典型的地广人稀的国家,且具有"以农立国"的传统,也是发达的农业大国,农业土地资源非常丰富,农业人口较少,人均耕地占有量庞大。这种农业资源禀赋条件造就了大规模农场实行集约化经营、专业化生产、高度机械化耕作,农业技术、物质装备的高投入和农业生产的高效率,以及农产品的强大市场竞争力。这对于我国东北、西北等个别地区发展大规模农业经营,实现农业机械化具有重要的借鉴作用。

一、美国农业农村现代化实践与经验

(一)美国概况

美国是世界上最大的农业国家,位于北美洲中部,属于温带大陆性气候。富饶的土地资源和优越的自然气候条件是美国农业发展的先天优势。从阿巴拉契亚山脉到落基山脉,从墨西哥湾到加拿大南部边界的美国中西部,不仅具有独特的地理环境、适宜的气候条件,而且有丰富且肥沃的土地资源,这些因素为美国成为全世界农业最发达的国家打下了坚实的物质基础。

美国是典型的地广人稀的国家,其国土面积为983.15万平方公里,土地资源总量为22.61亿英亩(约137.25亿亩[①])(联合国粮农组织数据库,2015),按照主要用途分为耕地、草地、林地、特殊用途土地和其他土地。林地和草地是土地资源的两大主体,其次是耕地。2015年,美国耕地、林地、草地面积分别为23.19亿亩、46.51亿亩和37.26亿亩。按美国约3.23亿人口计算,美国人均占有耕地面积达7.2亩,是世界平均值的3倍。受气候、地形、土壤、水源、

---

① 根据来源资料及方便后文数据的统计计算,本书沿用传统面积单位:亩。

人口等多种因素综合影响，美国已形成全国性农业地域分工体系，共分为五大区域农业带（区）：东北部和"新英格兰"的牧草乳牛带、中北部的玉米带、大平原小麦带、南部的棉花带及太平洋沿岸的综合农业区。

美国作为移民国家，虽然只有200多年的历史，但由于有着"以农立国"的传统，其政府历来注重农业科技的应用，农业一直是国家的重要经济支柱。按照美国2015财年数据，其优势作物品种玉米和大豆产量分别为3.61亿吨和1.07亿吨，全球占比均超过1/3；在出口贸易方面，2015/2016年度美国传统农作物出口总量达到1.3亿吨，占全球出口总量的25.7%；大豆出口量5280万吨，全球占比达40%，玉米出口量1.19亿吨，全球占比达41%。除了优越的自然条件带来的先天优势以外，美国在农业上取得的成功还有着以下几个主要原因：一是基于地理环境的大规模农业种植带最大限度地发挥了自然资源的优化配置效应，有利于发展机械化、标准化、专业化和产业化生产，达到成本最小化、利润最大的目标；二是始终坚持农业科技对美国农业发展整个过程的引领，美国有包含着"科研、教育、推广"三位一体的体系，在此基础上，美国还不断加大农业科技的经费投入。这一模式在美国极为成功，对其成为世界第一农业强国起到了巨大的推动作用；三是美国在农业产业发展过程中引入现代工业化、市场化的经营方式和管理理念，处于农业产业一体化链条上的大型本土企业占据主导地位，为实现生产、加工、销售纵横一体的农业产业化体系奠定了坚实的物质基础；四是历届美国政府都将农业视为本国的经济命脉，除了通过市场对资源进行合理配置之外，还在立法、基础设施建设、金融、财政补贴等多方面为农业提供保障，使美国农业得以实现持续、快速的发展。

（二）美国农业农村现代化历程

美国农业是世界农业发展史上最典型的成功案例之一，仅占美国总人口3.1%的农业生产者创造了可以供应全国人口消费的优质廉价食物，农产品出口额约占美国出口总收入的20%。早在20世纪40年代，美国就已经实现了农业机械化，是世界上最早实现农业现代化的工业化国家。美国于1860年开始发展现代农业，回溯其发展过程和历史情况，可以大致分为四个时期。

第三章 大规模农业类国家农业农村现代化实践与经验

1. 第一个时期

第一个时期：19世纪60年代至20世纪20年代，农业半机械化时期。工业化发展带动美国农业开启转型之路，政府成立专门部门统筹指导农业生产，立法保障引导生产要素向农业领域聚集。

（1）畜力作为主要动力的农业半机械化

18世纪末美国独立后，畜力作为农业生产的主要动力代替了已经不能适应社会经济发展的人力与简单手工工具，农民开始大量使用马拉的多铧犁、收割机、割草机、小麦播种机、玉米种植机、脱粒机等农业机具，农业生产进入半机械化的时代。促成这种转变的原因主要有两个方面，一是1862年政府颁布了《宅地法》，使农民获得了大量土地，并在西部建立起大量大规模的农场，农业劳动力的需求急剧增加。同时，由于美国南北战争导致的农业劳动人口减少和国内农产品需求增加，不足的农业劳动力和迫切需要扩大的农业生产规模之间产生的矛盾日益激化。以上因素促使农民不得不改良现有生产工具和农业生产方式，大量使用畜力和半机械化工具代替人力。二是南北战争以后，美国的社会经济快速发展，特别是工业、交通运输业发展迅速。人们对于粮食、原料和劳动力的需求日益增长，但是单凭人力、畜力和手工工具的农业生产已不能满足社会经济发展的要求，于是在工业化发展的带动下，农业半机械化的生产技术革新势在必行。

（2）农业政府部门及各种相关机构组织化

美国农业管理机构起源于19世纪20年代，当时与农业有关的事务由众议院和参议院各自组建的农业委员会进行管理。1839年，国会开始在专利局下设农业处，其主要工作内容是对农业统计资料进行收集。1862年，为成立一个专门的国际机构对农业发展进行统筹管理，时任美国总统林肯签署《农业部组织法》，建立农业部。这个时期美国农业部的工作方针是：提高农业生产、组织科学研究、推广新技术和发展农业教育，在此基础上逐渐建立起专门局和实验室，配备农业科学技术人员来从事专门的农业领域研究工作。美国各州地方政府也建立起农业部门指导地方的农业研究和生产工作。

（3）通过立法保障农业发展

这个时期，美国国会通过了一系列法案，从人才教育、科研、推广、金融等方面促进和保障农业快速、稳定的发展。一是通过成立教育和科研机构培养农业人才，支持农业科研。1862年，美国国会通过《莫里尔法案》，规定联邦政府通过赠地所得收益开办"赠地学院"，发展农艺和机械工艺技术教育。1887年，国会通过《哈奇法》，规定每个州或属地都要在农学院或综合大学的农学系成立农业试验站；二是通过立法建立推广机构，加强农技推广。1914年，国会通过《史密斯—利弗合作推广法》，加大政府资金对农技推广的支持力度，并制定以下规定：由联邦政府对各州进行资助，在各州州立学院的带领下建立农业推广站，并且要配备专业的农业技术推广人员对当地农民进行新政策、新技术的宣传和培训。三是建立有利于农业扩大再生产的金融贷款制度。1916年，联邦政府创立了农业贷款局和向农民发放长期抵押贷款的"联邦土地银行""合资土地银行"两种乡村信贷机构；同年，国会通过了《联邦农业贷款法》，该项法律要求将农业贷款的利息率降低致使利息率达到均等化的程度。美国政府实行这些措施之后，取得了较为显著的成效——农业相关的抵押贷款利率有了明显且持续的下降，据1920年美国普查局调查的数据显示，当年的利率平均约为6.1%。

2. 第二个时期

第二个时期：20世纪20年代至20世纪50年代，农业现代化初期。大范围普及使用农业机械进行农业生产使美国农业实现了跨越式的发展，出现了大量的规模化农场和农业合作社，另外，现代农业生物技术也于此阶段开始崛起。

（1）完全机械化推动美国农业实现质的飞跃

美国是世界上最早广泛采用机械化进行农业生产的国家，并在农业半机械化基础上，率先完成了农业生产的机械化。到1920年，美国步入了农业机械化时期，以内燃机为动力的各种农业机械逐渐增加，在全国范围内，主要作物的关键作业普遍采用拖拉机等农业机械牵引。到20世纪40年代，在第二次世界大战经济刺激下，美国各级农场广泛采用各种新型农业机械进行生产，在获取高额农业海外利润的同时在全国范围内普及了农业机械化生产。伴随着美国农业机械化时期的到来，美国的农业生产力在工业制造机械大范围应用的推动下实现了一次质的飞跃，初步确立了美国在全世界范围内农业霸主的地位。

第三章　大规模农业类国家农业农村现代化实践与经验

（2）此阶段农业发展最显著特征是农业合作社的出现与发展完善

要想提高生产力就必须转变经营方式，美国家庭农场选择了规模化经营的道路。此阶段美国农业发展中最显著的特征就是各种形式的农业合作社相继成立。1922年，美国国会通过《帕尔—沃尔斯泰德法》，农业合作社在全美范围内开始推广。1926年通过了《合作销售法》，在农业部成立了合作销售处，后发展为农业合作管理局。1929年又成立了联邦农场局，农业合作社得到了快速的发展。到1931年，美国共建有合作社12 000个，社员300多万人，社均年营业额20万美元。这个时期的美国农业合作社最大的成就在于平衡了工业与农业发展不协调的问题，作为中介组织通过供、销、加工、服务等方式使农场主与各类工商企业之间建立了稳定的协作关系，为美国农业农工商各行业一体化经营奠定了基础。

（3）农业化学和生物等新兴技术作用日益突显

在20世纪20—50年代，美国对于农业的生物学技术和化学技术有了初步的认识和研究，并逐步确立了该领域在世界上的领先地位。这个时期，美国主要是以提高作物产量为目标开展研究和应用生产。一是培育新作物以增加产量，抗旱、抗病害成为当时美国农业发展的共识。1920年，美国开始了杂交小麦种子的生产，使得谷物实现了高产。二是新化学药剂和生物技术也被用于发展控制虫害和杂草。这些技术不仅降低了生产对人工的要求，而且增加了单位产量。玉米产量从1930年的每英亩23.6英斗[①]增加至1950年的37.8英斗，棉花产量从1930年的每英亩177.6英镑增加至1950年的273.4英镑。

3. 第三个时期

第三个时期：20世纪50年代至20世纪80年代，全面农业现代化时期。农业法案改革为美国现代农业发展提供保障，农业机械化向纵深发展，农业产业化完全形成。

（1）《联邦农业改进和改革法》是美国农业政策史上最重要的一次改革

美国农业政策变化的实质是一个对农业和农场主保护不断加强的过程，

---

① 本书部分数据来源资料采用英制单位，故保留。

其中有两部法令对美国现代农业发展起到了至关重要的作用。一是《农业调整法案》。1933年，美国国会颁布了《农业调整法案》，其最重要的内容就是控制农作物播种面积，稳定农产品供应，将农产品的价格强制定位在均衡价格之上。此后，美国政府对《农业调整法案》不断进行完善，成为美国现有农业制度的基础。二是1996年颁布的《联邦农业改进和改革法》，首次从法律上把政府对农业的支持和补贴同农产品市场价格脱钩，取消了对农业生产的控制，被认为是继《罗斯福新政》后，美国农业政策史上最为重要的一次改革。这次改革对美国国内农产品的供给情况产生了冲击，还对世界农产品市场造成了较大的影响。

（2）农业机械化向大型化、多功能化纵深发展

20世纪50年代，美国已经基本完成了农业机械化，随后农场规模不断扩大，农场数量越来越少，农业机械的数量也相应减少，农业机械化开始朝着农业机械大型化、多功能化、高科技化的方向发展。1965—1977年，美国拖拉机的数量从478.7万台减少到440.2万台，但总马力却由1.76亿增加到2.32亿，与拖拉机配套的其他农业机械，如谷物联合收割机、玉米捡拾机、割草机、捆草机等农业机械的数量都有所减少，同样朝着规模更大、功能更全、技术更先进的方向发展。

（3）农业产业形成一体化经营体系

美国农业生产从劳动密集型逐渐向资本密集型转变，农场规模日益趋向集约化经营。随着农业生产机械化、专业化、商品化的发展，与农业相关的其他产业也发展迅速，这些产业涉及了农业产前、产中、产后的许多环节和领域，并且实现了农产品的生产、加工和销售一体化。自20世纪50年代开始，美国农业产业化经营主要有三种组织形式：一是在一个企业管理领导下组建的农工商综合体的农业大公司；二是大企业与农场主通过签订合同建立起的合同型农业及农产品加工企业；三是由农场主独自一人组建的加工和销售的企业或商业组织。总体来说，美国农业形成的一体化经营体系，使美国在提高农业专业化水平的基础上，加强了各部门之间的协作。

4. 第四个时期

第四个时期：20世纪80年代至今，后农业现代化时期。在信息化技术、智能化技术的驱动下农业向着精准化的方向发展，自主创新农业生物技术领跑全球。

（1）信息化、智能化发展造就美国"精准农业"

精准农业起源于美国，是信息技术与农业生产的全面结合，是一种新型的农业。20世纪50年代开始，美国农业信息化进入广播电话阶段。20世纪70—80年代，美国开始建设农业数据库、农业局域网络等，美国的农业信息化技术和自动控制技术的开发及网络应用已经非常成熟，80%的农场主开始使用计算机处理农业生产。20世纪90年代以来，美国开始出现以信息技术为支撑的精准农业，农业领域的各种知识集成处理、自动化生产运用，尤其是3S技术，即全球定位系统（GPS）、遥感技术（RS）、地理信息系统（GIS）等人工智能系统的出现，推动美国农业走向精准化发展道路。目前，美国已经建成世界上最大的农业信息网络系统AGNET。美国"精准农业"的兴起，不仅降低了生产成本，而且提高了生产效率的国际竞争力。

（2）现代农业生物技术推动美国农业领跑全球

美国是现代生物技术的奠定者和领跑者，从1938年对遗传信息的物质载体DNA进行鉴定识别，1953年解析DNA双螺旋结构，1973年完善了DNA切割和粘贴技术，1975年发明杂种细胞融合技术，1993年成功研制出世界上第一种转基因食品——转基因晚熟番茄，这一系列里程碑式的科技创新，加速了美国农业生物技术发展及产业化步伐，为美国乃全全球农业生物技术的突破与产业发展打开了大门。在世界权威的自然科学杂志 Nature 和 Science 中，美国研究机构贡献了约90%生命科学类的研究文章。在发展现代化生物技术的历程中，美国一些大型农业企业功不可没，对美国确立世界第一农业强国的地位做出了十分重要的贡献。在全球前二十大农业生物技术公司中，美国有10家，其中，孟山都、陶氏杜邦等5家跨国公司，通过基因作物和种子的专利，控制了全球80%以上的转基因作物种子。

（三）美国农业农村现代化典型经验与特点

1. 高度完善、调整灵活及时的农业法律保障体系，为农业农村经济快速发展保驾护航

美国是世界上利用农业立法实现农业保护程度最高的国家，100多年前就具备了比较完备的农业法律法规体系，且在不断调整和完善。这些法律法规的出台大大加强了对产学研一体化建设、农业科教体系建设、现代农业信息化、科研成果转化等财政资金投入，从而为现代农业农村发展提供了资金和智力支持。一是以《农业法》为基础和中心的农业法律法规体系高度完善。美国政府在立法时充分考虑到农业农村现代化的各个方面，包括农产品价格、土地调整、农业信贷、农业保险、基础设施建设、农技推广和咨询服务、农业科研、农产品流通、病虫害控制、检验服务、农业合作社、生态农业建设等，通过制定法律保证支农惠农政策顺利实施。二是以农业补贴为核心的政策体系在促进美国农业发展、提高美国农业竞争力等方面发挥重要作用。经过多年的发展，美国政府农业支持政策形成了较为完善的政策体系，但农业补贴始终是农业政策核心，通过农业科学发展补贴鼓励农业生产的机械化和自动化，通过农业生产补贴干预农业生产、农产品分配及消费，有效缓解市场变化给消费者和生产者造成的利益损失。三是与时俱进、遵时顺势、及时调整农业政策的做法有力地保护了农业的发展。美国政府每5～6年就会对相关的农业法案进行更新调整。在法案调整过程中，政府既会考虑当下市场的运行机制、农业生产的内在规律，也会强调政府的作用。这就致使法案由之前政府对农产品价格和产量集中控制逐步转变为对农户的补贴调节，从而保障了美国农业的持续快速发展。

2. 推行稳健的土地租佃与农业保险制度，保障农业农村经济稳步增长

美国的农业现代化不仅强调政府政策的宏观调控作用，更注重构建保障现代化农产品市场有效运行的制度体系，即制定产权明晰的土地租佃制度和建立安全运行的农业保险制度。一是推行与促进产权清晰的土地租佃在美国农业现代化内在发展。美国的土地租佃制度一方面形成了农场主的分层经

第三章 大规模农业类国家农业农村现代化实践与经验

营,培育了农业工人,农业资本家、农场主的出现同时使土地所有权与土地经营权相分离;另一方面,土地所有权与经营权的分离,促进了土地集中及土地规模经营,为农业大规模机械化推广创造了基础条件,也为小农场主向大农场主转变创造了机会。美国土地租佃制度的产权安排,符合美国农业生产力发展的要求,大大促进了美国实现农业现代化发展。二是完善农业保险制度为美国农业提供了坚实的保障。美国的农业保险制度是目前世界上运行较成功的政策性农业保险制度之一,其对农作物保险范围非常广泛,几乎覆盖所有农作物。另外,还将商业性保险与政策性保险结合起来,由商业性保险公司和农业再保险公司提供较高水平的额外保险。这种以农民个体与保险企业分担相结合的承保方式,不仅可以激励生产者在投保后加强管理者的责任意识,避免出现道德风险,而且能提供较高水平的额外保险,从而减少政府的农业财政补贴预算支出。

3. 构建以农业大学为主体、私人企业及农业合作社为重要补充的多元化农业社会化服务体系,增强农业农村经济发展活力

高度现代化的美国农业,离不开功能完善的农业社会化服务体系的支持。经过一个多世纪的发展,美国的农业社会化服务建成了高等院校(科研院所)、私人企业和农业合作社3个层次的网络体系。而美国政府在农业社会化服务过程中的作用则主要体现在保障服务方面,如增加农业基础设施、建立发达的交通物流体系、提供更多的信贷资金来源等。上述3种层次的网络体系涵盖农业生产的整个过程,共同为农业生产提供社会化服务。一是以高等院校为主导的农业社会化服务系统。美国人学的农学院与农业推广站、农业实验站紧密结合,形成了农业教育、农业推广及农业实验三位一体的服务体系,是美国农业社会化服务体系的基础。二是私人企业。其在农业社会化服务体系中发挥着重要的作用。私人企业为农业发展提供全面而完善的服务,包括加工、运输、物流及购销等项目,从某种程度上来说也可以发挥农业科研、农业技术推广及教育的作用。三是农业合作社。对于美国农业社会化服务体系来说,农业合作社是十分重要的力量。农业合作社主要是由农业生产者和与农业相关的生产者为了满足自己在农业生产过程中的需求而自愿参加的组织,农业合作社可以为农户提供农业生产过程中需要的各种服务。美国的农业合作社服务体系主要包括两个部分：一是农场合作社，二是合作农业信贷体系。具体分类情况见图3-1。

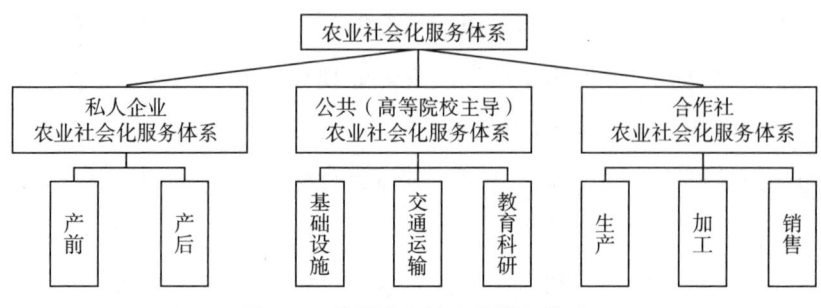

图3-1 美国农业社会化服务体系

4. 大力发展农业高新科技，重点培育大型跨国高新农业技术企业，占领全球农业科技和产业的制高点

美国是目前世界上竞争力最强、农业最发达的国家，其农作物产量和出口量稳居世界前列，被誉为"世界粮仓"。美国农业之所以能获得如此成就，主要的原因之一是美国非常注重发展现代农业科学技术，尤其是以基因工程、酶工程、细胞工程、生物工程为主的新型农业生物技术和以智能机械装备、精准农业技术为主的新型工业和信息技术。美国农业科研系统分为两部分，一是以高等院校和科研院所等公共经费支持为主的科教组织。二是以公司（私人企业）为主体的私人科技创新组织。目前，高等院校、科研院所及农业部所属试验站已转向基础和公益研究领域，主要从事种质资源收集、鉴定和保护等基础性工作，以及遗传育种方法、基因及基因组学、生物信息学等前沿研究工作。私人企业则侧重于商业化研发和应用研究。经过多年的发展，私人企业已成为美国农业应用研究和产品开发的主要承担者，并凭借自身雄厚的资本和强大的研发能力占据了世界范围内农业前沿科技和产业的主导地位。例如，生物育种和农业化工巨头孟山都、陶氏杜邦；粮商巨头ADM、邦吉、嘉吉；农业智能装备巨头爱科集团等。近年来，美国以高产良种培育、农机装备、农业信息化等为切入点，通过高新技术应用带来的优势实现了对国际农业产业链的有效掌控。

5. 积极探索三产融合新模式，创新农业产业新业态

美国的乡村环境优美、配套设施完备，其具有发展休闲农业旅游产业的天然优势。第二次世界大战之后，美国出现了农产品过剩困局，美国政府顺应时势，推出了农地转移政策，为休闲农业旅游产业发展提供了制度保障，并通过完善立法、突出特色、扩大影响等手段，大力发展休闲农业旅游产业，积极推进三产融合。一是完善休闲农业旅游立法，加大各方投入。美国联邦政府出台了《国家荒野和风景河流法案》《国家走道系统法案》等系列法案来促进休闲农业旅游的发展，并设立了"国家乡村旅游基金"和"农村旅游发展基金"，用于支持休闲农业旅游发展。美国农业部专门设置了乡村委员会，自发建立了一批团体协会组织，提供指导和咨询等增值服务。二是突出休闲农业旅游特色，树立品牌效应。美国的节事活动将农场、旅游企业、娱乐企业、零售企业紧紧结合在一起，既能吸引众多游客前来参观游览，又能带动当地农产品加工，给农民提供就业岗位。例如，在"世界南瓜之都"旧金山每年举办的半月湾南瓜艺术节，成为举世闻名的休闲农业旅游节庆活动，每年的经济收益已近千万美元。三是建立社区参与的市民农园，积极推广宣传。美国的市民农园是社区参与型休闲农业旅游产业发展模式的典型代表，其主要经营模式是度假农庄与观光牧场。美国市民农园采用农场与社区互助的组织形式，参与市民农园的居民和农园的农民共同分担成本、风险和赢利。这种经营模式极大地密切了农民和市民的联系，有效促进了当地农业的顺利发展和市民需求的有效满足。

二、澳大利亚农业农村现代化实践与经验

（一）澳大利亚概况

澳大利亚属于大洋洲，四面环海，位于太平洋西南部与印度洋之间。依靠农业创业并发展壮大的澳大利亚，是全球第四大农产品出口国，农业是其国民经济的主要支柱产业，人均农业用地面积很大。澳大利亚国土面积774.12万平方公里，其中一半以上为农业用地，大约400万平方公里，包括耕地、草场和林地，渔业面积居世界第3位。

澳大利亚全国现有人口2400万人，其中，农业人口约35.8万人。澳大利

亚农业、林业、渔业、食品、纤维加工和农业服务产业的生产总值占 GDP 的 12%，前三者占 3%。直接从事与农业、林业和渔业相关产业的工作人员约 31.3 万人，与农业相关行业从业人员达到 114 万人，对澳大利亚全国总就业的贡献可达 14% 左右。

澳大利亚农业发达，主要依赖国际市场，其中，羊毛出口量居世界第 1 位，肉类和糖料出口量居世界第 2 位，乳制品和小麦出口量居世界第 3 位。

澳大利亚全国农业带明显，一般认为有牧业带，小麦、养牛带和集约农业带。其中，面积最大的是牧业带，主要为养牛业，经营粗放，该地带气候干燥、植被稀少，年降水量不足 400 毫米，在中部的沙漠地区甚至不足 200 毫米。其次是小麦、养牛带，该地带大多数农场经营小麦、养羊和肉牛业，该地带为半干旱至湿润气候，年降水量为 400～600 毫米。最后是集约农业带，又称高雨量带，该地带降水较充沛，主要发展种植业和奶牛业。

（二）澳大利亚农业农村现代化历程

澳大利亚农产品产业发达，尤其是畜牧业优势明显，是世界上最大的羊毛和牛肉出口国，被称为"骑在羊背上的国家"。澳大利亚羊毛、肉类和小麦的出口量占其出口商品的 24%，羊毛出口量占其产量的 98% 以上，小麦占 70% 左右，牛肉占 65%。澳大利亚农业的快速发展与其历史上发生的重大农业改革关系密切，是较早实现农业机械化和信息化的国家之一，也是世界上较早实现农业现代化的工业化国家之一。澳大利亚现代农业的发展历程大致可以分为三个阶段。

1. 第一个阶段

第一个阶段：19 世纪 60 年代至 19 世纪末，农业现代化萌芽期。土地改革政策的实施促进了土地的流转和集中，同时推动了农业新技术的发明和应用，为澳大利亚农业从传统农业向现代农业转型奠定了基础。

（1）土地改革激活农业发展动力

19 世纪 60 年代，"淘金热"导致大量移民前往澳大利亚，各殖民地区不得不出台土地改革法案，将土地出售给个人以解决移民无地可种的局面，以满足农业人口数量激增的需要。首先是新南威尔士在1861年推出了《新殖民地土地法案》，规定无论性别、年龄，任何人都可以在定居区挑选和购买40～320英亩的土地。随后，其他英属殖民地也相继出台了新法案，掀起了澳大利亚土地改革的浪潮。经过近30年的土地改革，澳大利亚西部的耕地从1861年的2.47万英亩增加到1891年的6.42万英亩，澳大利亚南部的耕地在1850—1884年从6.5万英亩增加到276万英亩。与此同时，农业种植面积从48万公顷扩大到185万公顷，其中，小麦种植面积由1861年的26万公顷增加到1881年的124万公顷，产量从27.87万吨增加到63.55万吨，这是澳大利亚耕种史上农业种植面积和产量增长最快的时期。

（2）先进技术的应用加快澳大利亚农业由传统农业向现代农业转型

19世纪末，面对世界性的经济大萧条（19世纪80年代和90年代），加上严重干旱等恶劣气候威胁，澳大利亚加快了传统农业向现代农业的转型。澳大利亚增加农业科技研发的投入，加快推进先进技术在农业中的运用，使得澳大利亚农业仍然保持持续增长。例如，具有脱粒、剥壳和风选功能的联合收割机的使用，使农民可以大规模地进行作物采收；小灌木清理技术促进了大片灌木丛地区的开发；跳跃式的树桩耕作技术，解决了残留有树桩的新垦土地的耕作难题，使维多利亚和南澳桉树林区得以开发；大自流井盆地地下水资源的发现和利用，促成了新南威尔士内陆、昆士兰及南澳地区成千上万平方英里土地的开发；引进美国Chaffey兄弟发明的灌溉技术，促进了米尔杜拉地区的农业开发。

2. 第二个阶段

第二个阶段：20世纪初至20世纪60年代，农业现代化初级阶段。农业机械化的应用及农业优惠政策的支持加速了澳大利亚农业现代化的进程；农业人口的增加促进了澳大利亚的拓荒垦殖，小型农场开始大量出现。

（1）农业机械化的应用和农业优惠政策的支持

进入20世纪后，以人力投入为主的农业生产模式已不能适应澳大利亚农业快速发展的要求。为适应农业发展需求，澳大利亚政府不断采取引进农业机械、制定农业优惠政策等措施，引导现代农业的发展。在现代农业机械方面，以蒸汽为动力的干草打捆、谷物的脱粒和去皮等农机逐渐应用到农业生产中，降低了农场部分农事的工作量,大大提高了劳动生产效率。农村拥有的拖拉机数量从1939年的4.2万台迅速增加到1956年的20.2万台,增加了近5倍。在涉农政策制定方面,政府为促进农业发展,出台了系列优惠政策和修正案,如肉类出口补贴法案、小麦价格担保措施、特定浓度葡萄酒出口奖励措施、水稻进口关税政策,以及对棉花、植物纤维、稻米、咖啡、烟草和干果等一批产品的生产实行了奖励等措施。在大量优惠政策措施的驱使下,1921年,澳大利亚小麦种植面积比1919年增加了110万公顷,1922年,小麦种植面积占主要作物种植面积(450万公顷)的88%。同样,畜牧业也得到快速发展,1924年,羊毛出口收入占到澳大利亚牧业出口总收入的78%。1929年,澳大利亚拥有1.03亿头绵羊,年产羊毛44万吨,分别占世界绵羊存栏总数的17%和羊毛总产量的25%。大量农业机械的推广和优惠政策措施的实施极大地推动了澳大利亚现代农业的发展,为其成为全球农业出口大国奠定了基础。

(2)农业人口的增长推动农业快速发展

20世纪20年代,澳大利亚农业人口又一次大量增加。一是大量英国人移居澳大利亚生活,澳大利亚要求英国政府向其提供3400万英镑贷款,用于安置移民或建造公路、桥梁和生活设施等公共工程,以提高吸收新移民的能力。二是澳大利亚国内士兵也被动员到乡村开办农场,这是乡村密集移民计划的延续。三是1929年全球经济危机造成许多城市居民到农村生活,加速了澳大利亚的拓荒垦殖。在1921—1931年,澳大利亚小麦播种面积由367万公顷增加到735万公顷,农业耕种面积从610万公顷增加到1018万公顷,小麦产量由397万吨增加到581万吨。自此,澳大利亚跨入世界小麦生产大国行列,产量居世界第8位,出口跃居世界第2位。

3. 第三个阶段

第三个阶段:20世纪60年代至今,农业现代化成型期。大规模农场占据农业经营的主体地位,农业政策和法规的调整为农业科技和产业的发展提供了保障;农业机械化和信息化的全面普及应用促进规模化农业快速发展。

(1)农业资源向大型农场集聚,推动规模化农业快速发展

自20世纪60年代开始,澳大利亚政府为进一步加快农业发展,提高农

第三章 大规模农业类国家农业农村现代化实践与经验

业生产效率,实现农业规模化生产,通过财政补贴、减免税收及贷款优惠等措施,鼓励经济效益低、前景不佳的小农场主放弃土地,逐渐减少了小型农场数量,实现农场大规模集中化。从农场数量来看,1959/1960、1969/1970、1979/1980、1989/1990、2012/2013 财年农场数量由 21.1 万个逐渐减少至 19.3 万个、17.9 万个、16.3 万个和 12.9 万个,农场数量共减少了 38.9%(图 3-2)。虽然农场数量在减少,但规模和效益却在增加。1979/1980、1989/1990、2012/2013 财年农场平均占地面积分别为 2768、2848 和 3076 公顷,农场平均产出也以每年 2.6% 的速度增长。据统计,2011 年澳大利亚 20% 的大农场生产了全国 65% 的农产品,其中,20% 的种植业大农场生产了全国 80% 的粮食。

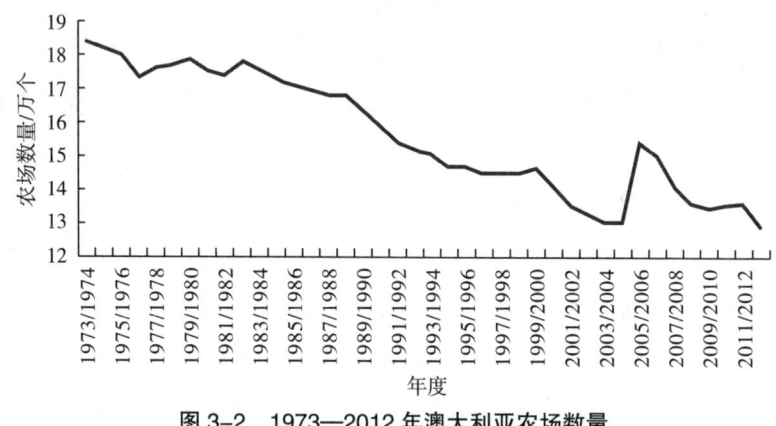

图 3-2　1973—2012 年澳大利亚农场数量

数据来源:根据澳大利亚农业部和澳大利亚统计局相关资料整理

(2)农业政府部门及相关机构简政调整,加强产学研协同

一是开展部门调整,实现职能合并统筹,将初级产业与能源部调整为农渔林业部,统一协调对农牧渔林业的综合管理,强化和增加农产品加工、食品安全、农产品质量标准制定、动植物检疫、农产品贸易及资源保护和可持续发展的管理。二是建立不同层次和类型的科研机构共同享用的联合研究中心,由联邦政府、州政府和企业联合资助,由不同的政府部门、科研院所、高等院校和企业的研究机构共同承担,科研人员依托中心大型研究设施和现代化仪器设备,密切联合、协作攻关,体现了人、财、物的优势集成、功能互补和高效利

用。三是面向市场进行改革，颁布《初级产业和能源研究法案》，成立了农村研究发展公司，加强农业相关领域规划和投资，开展相关产业监控、评估和报告，促进产业发展，并代表政府维护相关产业的可持续发展。

（3）农业机械化和信息化普及应用，促进农业生产效率的提升

一是农业机械化的全面普及极大提升了农业生产力和农产品的国际竞争力。自20世纪60年代以来，澳大利亚农场逐渐实现规模化，农业机械装备逐渐普及，并部分实现农业机械化。进入21世纪以来，计算机技术在农业领域得到迅速发展和推广，自动控制技术在农业机械装备和乳业生产等方面得到广泛应用，农用航空技术和保护性耕作技术也已得到普及。在畜牧业生产中，翻耕草场、播种牧草、撒药施肥、收割打捆、挤奶剪毛等各个环节全程实现了机械化。在大田作物中，小麦、水稻、大麦、燕麦等作物，从耕种到收获实现了全程机械化。甘蔗生产在农田建设、耕地松土、播种育苗、生产管理、收获运输、装卸加工各环节的机械化程度超过90%。二是农业信息化技术的应用显著提高了农业生产效率和管理水平。计算机和互联网已成为大部分澳大利亚农业从业者的基本工具。据报告，2013年手机网络在农场的地区覆盖率为85%，人口覆盖率为99%，大型农场的互联网普及率达到90%以上，小型农场互联网普及率达到70%。利用网络从业人员可以获取天气、价格、产品、设备和技术等各种农业信息，进行网络交易、买卖农产品，通过网络还可以进行各种社交沟通等。据统计，信息技术的应用使澳大利亚土壤肥力改进了13%～26%，生产监测改进了4%～19%，健康监测改进了4%～13%。

（三）澳大利亚农业农村现代化典型经验与特点

1. 通过改革农村管理体制、加大农业扶持力度、发展农村公共事业和农业安全管理，全面推动农业农村现代化发展

一是加强发挥市场机制基础作用，提高农业市场化水平，不断提升市场机制在现代农业发展中的作用，遵循市场经济规律，培育和发展农村市场体系，改善农产品市场宏观调控，让正确的价格信号引导生产。二是加强农业基础设施建设，提升公共服务管理水平，将涉及农村道路等公益性基础设施建设全部

第三章 大规模农业类国家农业农村现代化实践与经验

纳入国家公共服务体系中,将农民的文化教育、医疗保健、失业养老等社会保障均统一纳入政府的保障体系中,保障了农民能享受和城市居民一样的国民待遇。三是加大农业扶持力度,政府广泛参与动物防疫、植物保护、灌溉、防灾减灾、农业补贴、市场管理、贸易和农产品价格保护等多方面的事务,制定了包括《农业法》《营销法》和《出口控制法》等法律制度保障农业发展。四是建立较为完善的农业标准化体系和严格的生产鉴定程序,所有农产品不仅具有食用农产品标准和农作物种子质量标准,而且明确了选育、加工、进口、出口、运输、储存等多项质量等级标准。

2. 加强农业区域规划、扩大农场经营规模、推进大型智能农机的普及应用、建立健全的社会化服务体系,全面加速农业农村现代化发展

一是因地制宜合理统筹农业生产带,实现农业区域化发展,鼓励农业生产向优势区域集中,强化农业生产的区域化布局特点。二是集中优势资源发展规模化农场,农场数量越来越少,规模越来越大。2010年,澳大利亚农场数量比20世纪80年代减少了25%,大约有农场13.46万个,平均每个农场接近3000公顷,并有不断扩大的趋势(图3-3)。三是农业机械化、电气化发展迅速,计算机自动控制技术在农业机械和畜牧业生产中获得广泛应用,农用航空和保护

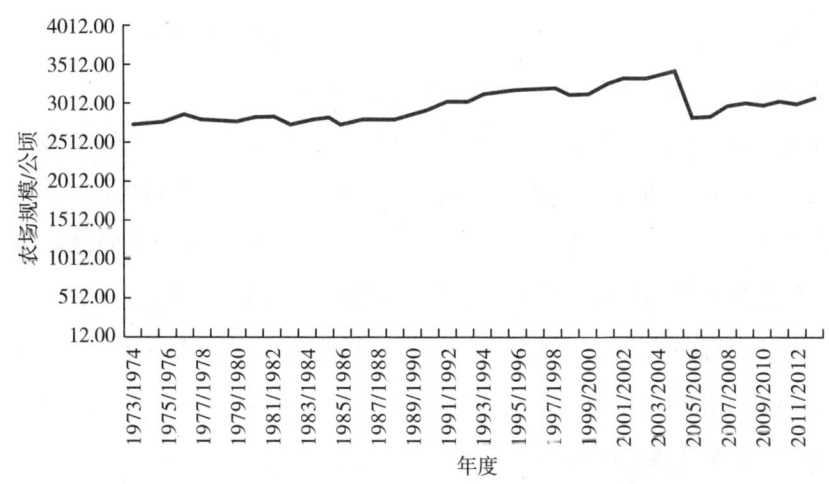

图3-3 1973—2012年澳大利亚农场平均占地面积

数据来源:根据澳大利亚农业部和澳大利亚统计局相关资料整理

性耕作技术普及程度高。四是社会化服务组织健全，政府在科技、教育等许多方面对农业发展提供强有力的支撑服务，各级协会（学会）及行业组织也为农业发展提供各种社会化服务，包括为农民提供各种生产经营技术，帮助农民进行会计核算，了解农产品产销行情，与农民签订购销合同等。

3. 以市场为导向，通过培育优势生产力、调整产业结构、增强农产品国际竞争力，不断推动农业国际化

澳大利亚农业主要特点是外向型，农业生产一直高度依赖国际市场，是世界重要的农产品出口大国。澳大利亚农业发展紧密结合国际市场农产品需要和价格变化，依此确定国内生产品种和规模，充分发挥市场机制在产品定价、资源配置、生产引导等方面的决定性作用，并且形成了以市场为导向，以欧美先进国家农业为竞争目标，主动采用先进技术和装备，不断提升农业经营管理水平，降低生产成本和提高生产效率的良好理念和发展模式。据统计，澳大利亚每年生产的农产品出口率在75%以上，是世界第一大羊毛出口国（95%以上的羊毛用于出口）、第二大牛肉和蔗糖出口国、第三大小麦和乳品出口国。

4. 持续加大农业科研投入，推进农业科技创新与应用，强化针对农民的教育和培训，不断提高农业劳动者素质

一方面，澳大利亚政府重视农业科技发展，每个州设有农业科研和推广机构，将科研、教育与生产推广紧密联系，把农业科技创新和推广应用与农民的需要结合起来。澳大利亚农业科研工作由州政府（50%）、联邦政府（26%）、高等院校（14%）和商业企业（10%）承担，研发工作有大约30%是受农村研究的公司委托开展的。另一方面，重视针对农民的实效教育和培训，对农民进行教育培训是农林渔业部职能之一，内容包括猪、鸡、牛、羊的饲养，粮食、蔬菜、甘蔗和水果的种植，以及灌溉、农具维修、消防、剪羊毛、酿酒、化肥和农药的使用等各个行业。目前，澳大利亚从事农业生产人员中，具有中等学历的人员占73%以上，具有大专及以上学历的人员占13.9%；在农业科技人员中，具有大学文化程度的人员占31%。

第三章 大规模农业类国家农业农村现代化实践与经验

参考文献

[1] 叶前林,何伦志.美国推进农业现代化发展的做法及启示[J].经济纵横,2014(4):105-108.

[2] 张士云,江激宇,栾敬东,等.美国和日本农业规模化经营进程分析及启示[J].农业经济问题,2014(1):101-109.

[3] 孙鸿志.美国农业现代化进程中的政策分析[J].山东社会科学,2008(2):72-75.

[4] 西爱琴,吕品,凌海波,等.美国农业政策与管理机构的演变及启示[J].世界农业,2010(10):29-34.

[5] 韩清瑞.美国农业推广体系特点及思考[J].中国农技推广,2014(4):8-10.

[6] 江峡.美国大学的全球领先地位及其面临的危机与挑战[J].江汉论坛,2013(8):138-144.

[7] 朱立志,连畅,方兴.美国的农业产业化经验与借鉴[J].世界农业,2018(6):189-192.

[8] 刘濛,张蕊.美国有机农业的发展概况[J].世界农业,2013(3):96-98.

[9] 王丽萍.对美国《联邦农业改良及改革法案》的纵向考察与现实思考[J].华中农业大学学报(社会科学版),1999(3):21-24.

[10] 何传新.国外发展现代农业的做法及启示[J].中国农村科技,2010(12):58-61.

[11] 方志权.提高上海农业组织化程度的模式比较与选择[J].上海农村经济,2004(1):13-15.

[12] 周莹.中国农业产业化财政支出的公平性研究:来自安徽农业综合开发产业化经营的经验数据[D].合肥:合肥工业大学,2013.

[13] 李家洋.农业生物技术支撑现代农业发展[J].中国农业科技导报,2014(1):3.

[14] 陆印.农业动物生物技术研究现状与发展趋势[J].吉林农业,2015(18):91.

[15] 章冠博.美国农业现代化的历程及对我国的启示[J].湖北函授大学学报,2015(3):68-69.

[16] 黄庆华,姜松,吴卫红,等.发达国家农业现代化模式选择对重庆的启示:来自美日法三国的经验比较[J].农业经济问题,2013(4):102-109.

[17] 吴玲,周思山,周冲.发达国家农村土地流转制度对我国的启示[J].理论参考,2013(6):57-60.

[18] 杨爽.发达国家农业社会化服务模式的经验借鉴[J].世界农业,2014(6):155-157.

[19] 姜楠,韩一军,李雪.世界粮食产业发展及主产国政策借鉴[J].农业展望,2013(10):45-50.

[20] 和俊梅.休闲农业与乡村旅游发展[J].云南农业,2013(3):55-56.

[21] 刘宇航,张洪晨,王志丹,等.国外提升农业生产效率对中国的启示与借鉴:以美国、日本、澳大利亚等国为例[J].世界农业,2015(2):60-63.

[22] 冯万玉,安玉麟,刘建设,等.澳大利亚农业发展对我国农业的启示[J].北方农业学报,2005(4):1-4.

[23] 胡伟.澳大利亚农业促进政策与措施研究[J].世界农业,2006(11):47-50.

[24] 赵谦.发展现代化大农业的国际经验与借鉴[J].中国财政,2014(16):62-65.

[25] 邵永发,熊桉,夏娟.农业新常态下科技创新与推广的新模式探究[J].湖北经济学院学报,2016,14(6):28-35.

[26] 王志,董雅慧.美国农业发展的经验对我国农业的启示[J].东南亚纵横,2010(11):108-111.

[27] 王树勤,李长璐,宗宇翔,等.发达国家农业社会化服务体系模式比较与经验借鉴[J].农村财政与财务,2013(10):46-48.

第四章 中等规模农业类国家农业农村现代化实践与经验

总体来看，欧洲人口和土地资源适中，人地关系一般，属于中度资源禀赋的农业发展模式。以中小规模农场经营为主，平均农场经营面积不足美国的1/10，农业发展以提升土地生产率和劳动生产力并重为主要目标，农业机械化、组织化、科技化和产业化程度较高，农业产业链条相对完整，产业融合度高，再加上欧盟共同农业政策的影响，区域一体化程度较高，农业农村现代化水平较高，其中以英国、法国、德国最为典型。这对我国东北、西北及华北等部分地区发展农业适度规模经营，促进农业三产融合具有重要借鉴意义。

一、英国农业农村现代化实践与经验

（一）英国概况

英国坐落在欧洲大陆西北方向的不列颠群岛上，由英格兰、威尔士、苏格兰、北爱尔兰及一系列附属岛屿共同组成，其四周被北海、英吉利海峡、凯尔特海、爱尔兰海和大西洋环绕。英国国土面积24.36万平方公里，总人口合计6500万人，国内生产总值达到2.94万亿美元，人均约4.56万美元，经济实力位居世界第六、欧洲第三。英国农用土地占地1724万公顷，其中，耕地627.8万公顷，草地975.5万公顷；属于海洋性温带阔叶林气候，雨量充沛，北部和西部地区年降水量超过1100毫米，中部低地地区降水量为700~800毫米，东部、东南部地区降水量相对较少，为550毫米，农业发展自然条件得天独厚。英国全年气候温和湿润，适宜农作物生长，为农业发展提供了必要的气候条件。

作为全世界第六的谷物生产国、世界第一的产羊国及世界第三的产牛国，英国农业具有一定的代表性。英国农业产值占国内生产总值的比例较小，但农业人均净增加值比较大。2015年,英国农业总产值为258亿英镑,增加值为99亿英镑,农业占国内生产总值的比例约为1.4%。其中,英格兰地区的农业总产值最大,威尔士、苏格兰和北爱尔兰地区的农业总产值相对较小,但是农业人均净增加值较大,为2万英镑。英格兰与苏格兰地区的农用地面积较大,英格兰地区的土地比较肥沃,农业产值比较高,相对而言,苏格兰地区土地相对贫瘠,农业产值比较低。威尔士和北爱尔兰地区的农用地面积总体较小,总共为263万公顷。英国的农业生产经营主体为农场,据统计,2014年英国有21.2万个农场,农场平均面积为81公顷。

(二)英国农业农村现代化历程

英国的农业现代化发展大致分为以下三个阶段。

1. 第一个阶段

第一个阶段:18世纪末期至20世纪初期,英国农业现代化的萌芽阶段。圈地运动推动农业组织革新和农业技术改良,为英国农业现代化发展提供动力。

(1)圈地运动推动农业组织方式革命

圈地运动带来了土地制度的变革,通过种种瓜分与重新分割土地,大地产成为主流,小地产由于自身经营问题而被淘汰或被大地产并购。此时,小地产只能选择购买地产继续生存或出卖土地另谋出路。圈地运动为农场主创造巨额利润提供了契机。

(2)圈地运动促进农业技术革命

圈地运动废除了敞田制,为技术改良铺平了道路,使英国农业先于工业实现了跨越式的发展。起源于18世纪初期的一场农业技术革命最先在英国农村兴起并推广开来。马成为新的牵引动力,耕作效率大大提高。土地不再荒废,采用轮耕方法种植农作物,加强牛羊的育种培育,农具的样式与结构得到了很大的改进,甚至制造出一批当时世界上最先进的农业配套机械,如收割机、排水泵、扎束机等。这些革新大大提高了农业生产率,使得生产相同数量的粮食只需投入更少的人力和物力成本,农业产生了足够的剩余,为农业现代化的发展奠定了基础。

第四章　中等规模农业类国家农业农村现代化实践与经验

（3）罗虚戴尔公平先锋社开启了一个新的合作社发展新时代

在 19 世纪 40 年代初，英国中部地区发生了持续多年的饥荒，为了应付粮食短缺，保证生产和生活物资的供应，1843 年，英国的 13 个纺织工人在棉纺工业重镇罗虚戴尔最先发起建立合作社和通过合作社章程。之后的半个世纪，合作社在英国蓬勃发展。1895 年，国际合作社联盟第一次代表大会在伦敦举行，会议将罗虚戴尔合作社的办社原则——"罗虚戴尔原则"作为成员共同信仰的原则列入联盟章程，并加以推广。合作社经历了从最初的消费合作到以后的信用、生产、住宅、教育等合作多个阶段，最终形成了多领域又高效的合作体系。

2. 第二个阶段

第二个阶段：20 世纪初期至 20 世纪 70 年代，英国农业现代化的加速发展阶段。两次世界大战之后，政府出台法律保护和支持农业，实施系列农产品价格保护政策，促进农业现代化的快速发展。

（1）英国政府对农业给予法律支持和保护

两次世界大战之后，英国在 1947 年实施了战后第一个农业法来改变之前农业发展停滞不前的局面。后连续颁布了促进农业发展的法令，从立法的角度保障农业的恢复与发展。

（2）英国政府实行价格保护政策

英国政府对农产品实行价格保护政策，主要是针对本国生产的如谷物、马铃薯、甜菜等农产品限定最低保证价格，同时政府补贴这些农产品在本国市场上出现实际销售价格低于最低保证价格而产生的差额。

3. 第三个阶段

第三个阶段：20 世纪 70 年代至今，英国农业现代化的深化发展阶段。充分利用国外市场，促进本国农业发展，制定法令促进农业土地规模经营、产业化生产。智能化、机械化水平转变农业生产方式。

（1）充分利用国外市场促进本国农业发展

英国积极把本国农产品市场纳入欧洲的轨道，建立更加开放的农产品市场，推进与欧洲农业政策的融合，促进英国农业发展，稳定农民收入。

（2）国家政策促进农业土地规模化与产业化形成

基于利润最大化的发展目标，英国政府鼓励农场实现规模经营，对自愿合并和愿意转让给其他大农场的农场经营主体给予一定的补贴与养老金，解决他们的后顾之忧。政府采用直接与间接的方式促进农业的发展，除了对农业直接给予资金，对一些农业基础设施的建设，如土地的整治、给排水设施建造、供电系统建设等，都给予不定比例的补贴金与费用补偿。英国各地区有从事农业信贷业务的信贷机构，这些机构类型不同，它们大都以土地或房屋为担保，对购买农田、农业机械装备、建造农场建筑等提供贷款。

（3）英国农业自动化、智能化转变了农业生产方式

近些年来，英国广泛应用现代信息技术，精准农业成为当今的流行与趋势，广泛应用卫星定位、传感识别、导航跟踪技术，促进了信息化与农业技术的深度融合与广泛应用。在这方面，英国可谓一个典型代表。目前，英国精准农业技术全面普及率高达20%以上，其余的80%也或多或少地使用着这项技术。另外，播种、施肥、撒药、收割等过程也是机械系统自动控制，物联网技术在农业方面应用也很普遍，很多农场使用无线视频、传感器设备等，对农场进行全方位监控与管理。信息化极大地转变了英国的农业生产方式，推动英国农业向数字化、规模化、集约化发展，提高了农业生产率、改善了农产品的品质，将农业生产与市场消费紧密结合在一起，提高了农业经济效益和农民收入。

（三）英国农业现代化发展典型经验与特点

1. 加快休闲农业旅游发展，推进一二三产业融合

英国是世界上第一个开展和发展休闲农业旅游的国家。高度发达的城市化带动了休闲农业旅游的发展。一是成立新的环境、食品与乡村事务部。面对产业革命对英国自然环境造成的严重破坏，英国政府在2001年改组了原来的农业、渔业及食品部，成立了新的环境、食品与乡村事务部。二是给予资金支持，促进农村生态景观和基础设施的改善。以保护英国的自然环境、促进农村繁荣发展为目标，英国政府每年投入约5亿英镑用于改善农村的基础设施。农村生态景观的改善和基础设施的完善为英国休闲农业旅游的发展提供了良好的

第四章 中等规模农业类国家农业农村现代化实践与经验

环境,吸引了大量的游客。三是采用环境补偿政策,加强生态保护。从发展之初只有补贴的状态到后期的规划,定期提供资金促进环境保护、生态环境友好项目顺利开展。这些措施促进农场主动开展生态农业,农民也积极开展各项符合环境友好方针的活动,如种植花草、养鱼,扩充了农村休闲观光资源,从而实现农业与旅游业双赢,推动了生态农业和乡村旅游的协同发展,促进了三产融合。

2. 国家高度重视出台系列政策法规,推进农业与农村现代化可持续发展

英国农业政策主要在于保护提高生产效率,提高农产品质量,增加农业利润,并逐渐完善了由农田至餐桌,涵盖整个农业全产业链的各个环节的农业相关法律法规体系。据英国渔业管理局报道,英国渔业企业规范严格,法律条款众多,仅选址和养殖两大关键环节就有300多项。此外,英国更加重视农业环境保护,一是出台系列相关农业法律法规,如《环境法案》《清洁大气法案》《城乡规划法案》,涵盖面广,法律法规相对成体系。二是完善相关农业政策,主要包括"基本支付""绿色计划""乡村发展"3个方面,旨在促进农场的发展,促进农业生态环境的改善及乡村振兴。

3. 重视农业信息化基础设施建设,普及高科技信息技术与机械技术的应用

一是英国极为重视农村地区的信息化基础设施建设。目前,英国农村地区已经基本覆盖互联网、3G无线网络等。农业信息技术促进了智能化水平的提高,通过整合农村产业链条数据,利用统计分析模型进行智能运算,提高农业生产的效率。二是注重高科技信息技术的应用。广泛开展精准农业,依托专家系统、智能机器人技术取得了较大发展空间,主要应用领域是帮助许多大型农场进行辅助决策。三是广泛使用物联网技术。传感识别、无线连接监控可以实现全方位监督管理农场,二维码使用更加普及,通过这项技术实现了消费者通过扫描二维码对每个产品进行信息追溯,从产品采购、仓储、运输、配送,都进行密切监控与远程操控。此外,英国养羊业、养牛业也通过物联网技术记录每头牛、每只羊从出生到死亡的全部信息,并实现与网络系统的连接。

4. 建立健全农民职业培训体系,培养农业发展精英人才

一是制定法律保障农业发展和鼓励农民培训,并设置"国家培训奖",鼓励在技术培训工作中成绩突出的单位;二是采用价格、补贴等财政政策促进农民增收提效;三是建立健全以市场为导向的农民教育培训体系与证书认证体系。英国高等院校、科研咨询部门、农业培训网作为培训主体,互相辅助、互相补充,可以满足不同层次人员的需要。四是通过社会组织提升农民对职业的认同感,丰富农民生活。在农民职业修养提升的基础上,通过内部交流、组织竞赛的形式,强化农民的职业认同感。

二、法国农业农村现代化实践与经验

(一)法国概况

法国位于欧洲大陆西部,西濒大西洋的比斯开湾,西北隔多佛尔海峡、英吉利海峡与英国相望,东南滨地中海,东、东北与摩纳哥、意大利、瑞士、德国、卢森堡、比利时相接,西南同西班牙、安道尔接壤。法国大轮廓略呈六边形。法国地势东南高西北低,地形以平原和丘陵为主,南部和东部边境为山。法国西部属于温带海洋性气候,向东海洋性减弱,南部属于地中海气候。

法国国土面积67.28万平方公里,人口6711.8万人,人口密度122.2人/平方公里(2016年)。农业从业人口144万人,占从业人口比例的2.2%,比欧盟总体比例低6.4%。该国农用地面积达47.62万平方公里,占本土面积(55.40平方公里)的85.96%。其中耕地面积占农用地的41.3%;牧场草地占26.8%;森林与林地占31.9%。它的海岸线很长,大西洋沿岸和地中海沿岸总长3115千米,占国界总长度的60%,渔业资源丰富。

法国是欧盟最大的农业生产国,也是世界主要农副产品出口国。法国农业经济发达,其农业产值占整个欧盟农业总产值的22%,居欧盟第1位。粮食产量占整个欧洲粮食产量的33%,出口居世界第2位。法国农业布局主要集中在中北部、西部和地中海沿岸及西南地区,种植的作物分别为谷物、蔬菜、饲料、水果等。

法国农业的成功其本源是农业机械化,其不但极大地提升了农业生产率,降低了农产品成本,提升了国际竞争力,而且还孕育出欧洲最强盛的农产品加工行业。世界前100家农业食品工业集团有7家在法国，法国的农副产品出口居全国首位，这也是法国出现外贸顺差的重要原因之一。

（二）法国农业现代化发展历程

法国的农业也经历了一个从弱到强的过程，生产力不断提高，农业单产水平也不断提高，逐步成为欧盟最大的农产品生产国和世界第二大农副食品出口国，致力于推进农业可持续发展。法国的农业现代化发展大致可以分为四个时期。

1. 第一个时期

第一个时期为18世纪90年代至19世纪50年代，以小土地占有和小规模土地经营为基础的现代农业发展初期。法国大革命后的土地再分配，为法国资本主义农业经济发展提供了初步条件。

（1）封建制度下的小农经营

在1789之前，法国是封建土地制度，后来1789年爆发资产阶级革命——法国革命，废除了封建土地制度，封建农业向现代资本主义农业过渡。资产阶级革命为资本主义农业发展奠定了土地基础，但是1950年之前，法国农业依然是小农经济起着主导地位，小土地占有和小土地经营特点明显，表现为农业整体发展缓慢和农业产品品种单一、商品化生产环境难以培育。

（2）土地集中度低，农业发展迟缓

法国革命胜利后，小农土地所有制代替了封建领主土地所有制。法国农民通过购买政府没收的小块土地，拥有了小块土地的所有权。拿破仑执政期间，在1804年颁布《法国民法典》，该法典从法律上进一步巩固了小农土地所有制。同时，法典还摈弃了嫡长继承权，明确了继承者之间享有同等分配遗产的权利。

2. 第二个时期

第二个时期为19世纪50年代至20世纪初，以工促农为主要特点的现代农业发展时期。工业化带动法国农业从传统的自给自足小农经济向资本主义商品农业转变。

(1) 农业发展缓慢，小农经济仍是主导

19 世纪下半叶法国农业的发展步伐比上半叶快，但仍与英、美等国有较大差距。小农经济仍是这一时期的主要构成，农业进步节奏缓慢，生产水平滞后，农场还未形成规模。

(2) 工业革命推动农业发展

伴随着市场经济的发展及工业革命的推动，法国农业进一步发展，城市化的进程也在加快，在 19 世纪末，法国已初步实现工业化。工业化进程促进国内市场和国际市场的有机融合。工业化的发展促进新型资本主义农场不断扩展，雇佣劳动为本质特征。与之相伴的是农业结构变革和专业化生产萌芽，从而农业分工专业化和农业技术专业化进程加快，农业生产效率提高。

3. 第三个时期

第三个时期为 20 世纪初至 20 世纪 90 年代，法国基本实现农业现代化。两次世界大战之后，法国政府采取集中土地政策，积极调整产业结构，采取各项举措促进农业科学发展。对科学技术应用不断扩展，生产率水平不断提高，法国农业的科学化、社会化、国际化达到新的高度。

由于两次世界大战的发生，法国农业受到重创，农业生产力减退，粮食匮乏。但随着新时期国民经济的恢复和国家政策的执行，法国农业快速进入发展的繁荣期。一方面，工业的充分发展拉动了农村人口向城市迁徙，使农业发展获得了广阔的空间。另一方面，第二产业和第三产业的发展在某种程度上为农业提供了市场和农业机械装备。

(1) 采取加速土地集中与归并小农场的政策

一是政府成立了农业公司，依托银行，靠收购、租赁土地来扩大农场面积。二是政府一方面通过给五六十岁农村老年人发放终身养老金来鼓励与号召他们提前退休；另一方面通过给予奖励性的赔偿和补助来鼓励年轻人到农村工业、服务业去投资或就业。三是对于购进土地的大农场主给予减免税、无息或低息贷款的优惠政策，并严格规定土地的完整性，不可分割性。四是限制地租水平，以最小投入这个亮点吸引农场主扩大经营规模。

（2）积极调整农业产业结构

农业产业结构优化，由种植业为主转向畜牧业为主，使得法国农业牧业协调平衡发展。第二次世界大战后，国家高度重视生鲜乳、肉用畜牧业的发展，牛、猪和家禽饲养业得到了进一步发展。到1970年中期，法国肉、蛋、奶供给比较充裕。

（3）信贷部门为农业投资提供金融支持

国家信贷部门每年提供13%的农业事业费来促进农业发展，项目只要涉及农业生产机械化和土地集中政策，政府便会提供优先贷款和优惠利率，发挥政府在农业服务中的导向引领作用。

（4）政府建立价格协调机构

为了稳定农产品的价格，政府建立了价格协调机制，并且采用关税、直接收购农产品方式，以此保证农产品价格、保护农民利益。价格低时，国家直接收购农产品；价格高时，则降低关税。

（5）采取各项措施大力支持农业科学技术发展

法国政府制定了一系列支持农业科学技术发展的方针政策来保障农业科学技术水平与工业科学技术水平同等发展。例如，制定农业现代化规划与具体内容发展方向；成立各种农业发展指导机构；对农民实行技术教育与轮训的制度安排；等等。对于青年农民严格规范义务教育，并且定期去农业学校培训学习，最后颁发合格证书。这些措施加快了农业技术改造，提高了农民专业技能，提升了农业生产效率。

4. 第四个时期

第四个时期为20世纪90年代至今，农业现代化的可持续发展时代。法国强调农村环境保护和食品安全，农业现代化走向了可持续发展之路。

1990年至今，法国坚持走可持续发展道路，强调农村环境保护和食品安全。20世纪90年代以后，法国着手传统农业向生态农业的转型。并在1999年提出加强生态农业转换补助的发展规划。其中，农业开发土地契约（CTE）项目是核心内容，其指导思想是农民在自然资源管理与保护方面有所付出，但对应缺乏的市场回报则由政府按照CTE承诺提供财政补助，履约的农场可以得到一笔不菲的收入。这为法国生态农业发展做出了巨大贡献。

(三) 法国农业农村现代化典型经验与特点

1. 以农产品加工业为依托，促进三产融合

法国以农产品加工业为依托，大力发展农产品加工业与生态旅游，促进三产融合。法国各种名优特新产品种类繁多，有助于发展农产品加工业。一是出台相关政策法规指导生产，如给予农业生产担保与补贴，促进经营效益的提高。一方面鼓励农民提供质优农产品，从数量、质量两方面保证供给；另一方面对各种农业新兴产业提供财政与金融支持。二是不断完善和强化中小企业发展条件。设立中小企业担保基金，后来又成立信贷银行与国家公共基金。构建合理、有效的企业结构模式，法国高度重视企业集团的建设与发展，扩大范围，并购中小企业。例如，达能公司正是依托国家的政策才得到不断的发展，现已成为世界第八大食品公司、第一大乳品公司。三是国家提出农村家庭式接待的农业旅游发展项目。改善农民居住环境，提高农民满意度，定期召开农村旅游博览会。四是运用非政府组织来推动和规范农业旅游发展。通过农业领域协会搭建平台、共享资源，联通政府、企业和个人，推动农业生态旅游，实现农产品加工业与农业旅游业的发展。

2. 充分发挥政府职能，引导支持现代"理性农业"发展模式稳步推进

法国是世界第一个提出并践行"理性农业"这一概念的国家，并从法律角度保障农业生态环境和生物多样性。法国在1980年提出"理性农业"的概念。目前，"理性农业"已成为世界农业发展的趋势，是指在农业生产中，实现生产者、消费者、社会三方面效益的统一，推动农业可持续发展。一是出台相关法律法规。1992年的土地休耕制度，1997年和1999年的《全国生态农业规划》和《新农业指导法》，提出了建设兼顾经济、环保和社会效益，可持续发展的多功能农业目标。2000年，推出"法国2020环保农业生产国家"计划。2002年，出台理性农业的法律法规。二是政府不仅在宏观政策上对农业进行把控，也在农业职业教育、兴建农业基础设施、供电系统等微观环节进行积极监督管理。推行优惠政策，规避生产风险，增加对农业财政支出，为创办多功能农业和"绿

色农业"项目的经营者提供优惠贷款和资金援助。这些措施有力地保障了农保机构业务的开展。三是成立理性农业管理相关机构。根据理性农业条款、理性农业和农场资质全国委员会为行政管理部门，处理日常工作（进行理性农业信息反馈，审核与批准理性农业资质认证机构）。后各区域地方政府根据全国委员会的要求，也成立了相应基层委员会，以合同的形式对农业水电、供电建筑修建提供技术和资金支持，以保障水源、自然风光不受污染和破坏，保护物种的多样性。四是改进传统的农业生产技术。在传统禁止农药过量的基础上，积极开展各项保障农业生产的技术研究，从品种改进、育苗、除草等各个环节加强技术开发。

3. 以功能完善的合作社体系为依托，充分发挥各级民间合作组织作用，构建完善农业服务体系

一是出台相关合作社法律法规，法国政府相继颁布了《农业合作社法》《农业指导法》《农业共同经营组合法》《合作社调整法》等，为农业合作社的规范与健康发展提供了法律支持。二是不断扩大合作社的经营范围。原来农业合作社经营范围单一、规模小，后来农业合作社不断发展壮大，农产品加工层次也越来越深，农业合作社向产业化方向发展，综合性越来越强，经营范围越来越广。三是合作社开始走向行业联合，很多农业合作社实现跨行业、跨部门、跨领域的联合。对全国、地区和基层实行三级管理，协调合作组织整个系统。四是"理性农业"也强调各级民间合作组织的基础作用。以波尔多地区的葡萄酒产业为例。首先，政府的扶持和补贴措施体现在出资成立专门培训班、实行农校扩招和通过税收政策支持的"父子同场""兄弟同场"活动。在波尔多葡萄产量取决于自然条件。如果没有通过农业部门严格审批和农业专家的把关，葡萄便不能随便洒药或浇水。在采摘前两个月内即使绝产，也绝对禁止使用农药。其次，坚持农业产业化、责任制原则。葡萄农民只负责庄园安全问题，如采购、投资、加工、销售、采摘等方面都是由合作社负责，再加上法国对农业生产工作具有完善的农业保险政策。这种做法可以规避风险，保护农民利益。

4. 大力实施新型农民培养工程，全面提高农民专业素质和职业技能水平

为了满足理性农业发展的需要，法国加强农业高素质人才教育与培养，

重视培养现代新型农民、集经营管理与农业技术于一身的全方面人才。一是建立涵盖职业技术教育、高等农业教育和农民成人教育三方面内容的农业教育体系，培养综合性人才、既懂技术又懂管理的人才。法国不仅仅有正规院校提供农业教育，10万多农民也积极响应号召参与职业教育或相关培训，推动法国农业发展。农民培训经费来源主要有两方面：一方面是政府财政补助；另一方面是农业协会的补贴。教育机构培训内容专业化。二是对从事农业经营者提出资格要求。法国政府规定：拥有职业教育合格证书是获取国家财政拨款与优惠贷款、取得经营农业的权利的最有效途径。如果只有"农业职业能力证书"或"农业职业文凭"，就没有资格经营农业，只能做雇佣工人。如果一个农民具有高中2年以上学历的"农业技师证书"，或者在农业职业和技术会考中考试合格就具备了独立经营农场的资质。另外，农场继承人在接受基础教育之后，还需要8年的培训学习、上5年农校和3年学徒期，并通过考试取得绿色证书才具有从事农业经营的资质。

三、德国农业农村现代化实践与经验

（一）德国概况

德国处于欧洲内陆地区，是欧洲大陆的"心脏地带"，其疆域开阔、边境绵长，北抵丹麦、南达瑞士、奥地利，向西与荷兰、比利时、法国毗邻，向东与奥地利、捷克、波兰接壤。德国国土面积35.74万平方公里，人口约8267万人，农业用地面积19.0万平方千米，是欧盟第三大农产品生产国。境内以温带海洋性气候为主，特别适合牧草生长，所以农业生产方面以畜牧养殖业为主，该项产值约占农业总产值的53.2%。

从整体地势来看，德国呈现北低南高的地势分布。德国北部为一望无际的大平原，没有较大的地势阻挡；相反，南部为崎岖不平的阿尔卑斯山麓地带，地势比较高耸。更为形象地说，放眼德国，自北至南依次分布着平原、丘陵、山地、裂谷和高原，海拔高度也相应地在50～2962米范围内发生变化。德国北部地势平坦，土壤相对贫瘠，不利于种植业的发展，以畜牧业为主；南部广布森林草地，土壤肥沃，盛产小麦、大麦、玉米、甜菜、葡萄、烟草、啤酒花等。德国的土壤主要有6类：黑钙土、沼泽土、淋溶土、石灰土、灰壤和硅质薄层土，其大多数土壤有机质质量分数达3%以上，适宜农作物生长。

德国农业高度发达，表现为"六高"。一是高农业生产效率。它的农业从业人员大约124万，平均每个农业劳动力就能养活124人左右，效率之高是发达国家农业生产的典范代表。二是高农产品自给率。在德国，农产品满足内需比例高达80%以上，即便进口部分农业商品，其主要原因也是由于品种调剂或价格因素。三是高农业组织化程度。德国境内拥有各种联合体1079个，各类合作社1万多个，覆盖大多数农业生产加工销售企业，保障农民的销售利润。四是高农业科技含量。这一点体现在德国在农业生产领域成立了许多重点实验室，学术氛围比较严谨，创新精神比较突出，特别在新品种选育、种苗培养、栽培技术及病虫害防治等方面表现明显，德国农业技术已走在世界前列。五是高农业机械化程度。在德国，农业生产从播种、除草、撒药、收获等各个环节全部机械化，而且德国制造的机械性能优良，能够发挥出大机器生产应有的规模效益，极大带动了农业生产效益。六是高农民收入。由于德国的农业发展以中小家庭农场为主，所以大部分农场规模维持在不到50公顷的面积，绝大部分农户主要经营饲养业及普通种植业，只有少部分农户是种植葡萄、啤酒花、蔬菜、烟草等经济类作物的专业户，畜牧业是德国大多数家庭农场主营业务收入。

（二）德国农业农村现代化历程

1. 农业现代化起步阶段

20世纪50年代至20世纪70年代，农业现代化起步阶段。通过颁布相关的法律条文，保障农业发展；重视农业人才培养，为实现农业现代化打下基础。

（1）颁布农业法律，保障农业发展

自20世纪50年代以来，德国正式进入工业化阶段，这也使农业经济在国民经济总量中所占的比重日益下降，但依托农业法律的保障支持，确定工业化进程中农业对国民经济的重要作用，农业产量和农业生产效率快速提高。一是第二次世界大战后，德国政府通过实施《德国农业经济法》，对农业实行重点保护，努力实现保障粮食自给和食品供应的目标，特别强调保证粮食供应、提高农业劳动生产率和增加农民收入。二是德国联邦议会经过6年的酝酿，于1955年9月5日通过了《农业经济法》，该法律至今仍是德国农业政策的基础。三是参加欧洲经济共同体条约，逐步实现了欧洲农业一体化，在1958年，当时的联邦德国政府倡导并加入了欧洲经济共同体组织，为了将农业制度与政治制度协调一致，政府开始着手建立关于调节谷物、猪、蛋、家禽、蔬菜和水果的统一的市场制度。到了1964年，政府对农产品的调节范围进一步扩大，扩展到大米、牛肉制品、牛类乳制品。后来到1967年1月1日，联邦德国政府开始对蔬菜和水果采取统一价格的措施，同年7月范围扩大到谷物、蛋、猪肉、家禽和油菜籽等基本农副产品。

（2）"双元教育"为德国农业培育人才

一是以中小型家庭农场主为培养对象，开展全日制的农业知识学习，以官方考试作为毕业条件。类似的冬季农业学校在德国取得了较快发展，并于1935年统一正式称为农业职业学校。二是德国颁布《联邦职教法》，统筹各领域的职业教育。中等职业教育采取"双元制"模式，需要职业学校和农业企业双向合作，以职业为标准区别开展教育培训，为国家培养高素质、有技能的农业人才。

2. 农业现代化加速发展阶段

20世纪70年代中期至20世纪90年代，以机械设备等工业技术带动农业技术发展为主要特点的农业现代化加速发展阶段。开展农业技术革命，普遍实现了机械化、电气化和化学化，使农业生产率提高；制定农业保护政策，提高本国农产品的市场竞争力。

（1）开展农业技术革命，农业生产普遍实现了机械化、电气化和化学化

德国工业技术发展壮大促进了相关技术和装备逐渐向农业领域转移的进程，使农业生产过程中的机械化、电气化和化学化程度提高，并结合新技术在生物化学和生物管理等方面的应用，农业生产力极大提高，劳动生产率大幅增加。一是农业机械需要配备不断增大的马力和功率，拖拉机和收割机的使用率下降，但降本提效明显。二是研制和发展施用化肥和农药需要匹配高效、封闭、环保的农用机械。三是农药的生产出现高效、低毒趋势，并开始生产生物制剂，实行生物防治及综合防治方法，这些措施对实现农业可持续发展有重要

第四章 中等规模农业类国家农业农村现代化实践与经验

意义。

（2）市场调控、控制价格，提升本国竞争力

德国政府通过价格政策和宏观调控来对农业生产活动进行干涉，从农民的根本利益出发鼓励农民的农业生产，减少农产品进口转而增加工业原料进口，与此同时政府还制定了一系列农产品价格。一是政府制定的农产品价格往往要超出同类市场价格，以直观利益提高农民供给农产品的积极性。二是政府的定价标准通常以中等以上的大农户的生产成本为基础，使中等农户，特别是大规模的农户和农业企业成为相对有利的一方。三是尽量减少其他国家农产品价格水平对本国农业的影响。例如，就当时的联邦德国而言，小麦的缺口量比较明显，急需要进口外国小麦，但为了保护本国的农业生产，防止国外进口商的恶意竞争，联邦德国政府确定了高价保护政策，使得国内的农产品价格比国际市场同类产品价格均高出30%，甚至更多，并逐年有所提高，有效地稳定住了农民的生产意愿。

3. 现代化深入发展阶段

20世纪90年代至今，以精准农业、生态农业为主要特征的农业现代化深入发展阶段。

（1）"数字农业"造就德国的"精准农业"

德国在实现农业机械化的基础上，进一步将地理信息系统、全球定位系统、卫星遥感、数字监控等高新技术结合在一起，运用到农业领域，造就了德国的"精准农业"，极大地推进了德国农业现代化发展的进程。

一是利用大数据和云技术管理，通过云端数据获取、对比、交换、并进行数据传递，指导精细作业。据统计，2014年德国农业技术投资达到54亿欧元。德国软件供应商SAP公司推出的"数字农业"解决方案能够实现对农作物生产状况的全时监控，农民可据此优化生产，实现增产、增收的目的。二是德国农业机械制造商科乐收集团（CLAAS）与德国电信加强合作，借助"工业4.0"技术实现收割过程的全面自动化。三是德国电信推出数字化奶牛养殖监控技术。

（2）生态循环农业快速发展

大量的工业技术运用到农业领域，在提高农业生产率的同时，也对环境造成了一定的损害。早在 1950 — 1960 年，少数具有长远眼光的德国政治家开始注意到环境问题的严峻程度，并意识到可持续发展的重要性，设立了研究组着手开展相关的研究工作。一是德国政府于 20 世纪 90 年代后开始出台相应的能源和法规政策，旨在促进经济和环境的和谐发展。包括 1998 年颁布的《联邦水土保持法》、1999 年颁布的《联邦水土保持与污染治理条例》，提出了土地保护的理念。二是在 2000 年、2004 年、2009 年共计 3 次，德国政府制定和修订《可再生能源法》，希望以立法手段的形式减少无机化肥过度使用问题，进而保护自然资源，坚决惩处环境污染的元凶。三是为了推动生态农业的健康发展，德国政府于 1999 年特别设立了"有机农业和多元化农业部门"，其主要任务是处理生态农业在发展过程中的各种问题，如生态农产品补贴、生态农产品市场认证标识等，以保障生态农业健康有序发展。

（三）德国农业农村现代化典型经验与特点

德国国土面积较小，人均土地有限，农业生产以中小规模农场为主。其农业组织化明确、机械化发达、产业链完整、农产品附加值高。

1. 开展清洁能源开发，发展生态循环农业

为生产出安全、高质量、无公害的农产品，同时从经济和环境保护上增强本国农业竞争力，德国联邦政府和各州政府在资金补贴等方面采取措施，支持发展循环农业。一是为促进经济和环境和谐发展，提出一系列环境政策法规。1998 年颁布了《联邦水土保持法》、1999 年颁布了《联邦水土保持与污染治理条例》，提出了土地保护的理念。德国政府分别于 2000 年、2004 年、2009 年 3 次制定和修订《可再生能源法》，通过立法手段杜绝过量的无机化肥被使用、保护自然资源、严惩环境污染者。并提出《农村发展计划》（以下简称《计划》），《计划》指出重点保护公共产品清洁的空气、水源；通过实施环境保护补贴，使得生产效益、环保效益双效合一，推进可持续生态的建立。二是建立相关机构，成立了联邦环境委员会，赋予政府在环境领域更多的权利。三是建立农民生态休耕制度，完善土壤生态系统，提高农业生产方式，促进各地区发展状态均衡。四是加强对生态环境的保护，创造一种可持续发展的普遍道路和模式。

第四章 中等规模农业类国家农业农村现代化实践与经验

严禁化学农药的使用,采用恰当的措施保障土壤理化环境。五是采取其他措施促进生态循环农业的发展。

2. 以信息化农业为支撑,促进精准农业的快速发展

一是德国农业信息化技术起步早。1976 年,德国就已经出现利用计算机实现地块面积计算、地块土壤质量测定、村庄道路测算等功能,到 20 世纪 80 年代,德国农业数据库建设向专业化方向发展,数据库内容日益更新,农业数据库容量也不断扩充。二是极为重视农业生产全过程信息化建设,加强生产流通整个流程的信息化专业化水平建设管理,如病虫害管理、农药残留、植物保护剂使用等各个专业领域。三是德国政府注重农业信息化发展的政策环境、基础设施及数据库联合建设。德国政府将通过在农业院校及中等农业职业学校开设计算机及信息化课程,推动农业计算机技术的普及,从而踏上农业信息化之路。按照欧洲农业信息技术联盟(EFITA)的统计,2015 年德国 18 万农户中,在日常生产中使用计算机的大约有 90%。不仅如此,德国政府还致力于在农业信息化中融入模拟模型技术、计算机决策技术、精准农业技术,并具备强有力的优势。例如,装有大型遥感系统的农业机械,农户可以通过信息技术在室内操作为远程农田进行作业;农业远程诊断系统可以精准地为农业机械更换零件;计算机决策系统可以为农户提供市场咨询,如为小麦选种、施肥条件确定、产量保障等评估,帮助农户从综合角度实施科学化耕种。四是建立了较为完善的农业信息数据库系统,包括 1985 年建立的病虫害管理系统,帮助农民进行病虫害的采集、查询及存储应用;1988 年德国建立的农作物农药残留数据库管理系统,指导农民科学使用农药及解决农药残留问题,具体包括植物种植与保护管理系统(EDV)、病虫害防治信息系统(BTX)、各类农业综合信息数据库管理系统(GETS)三大系统。2013 年新成立的德国联邦农业文献信息中心,经过了艰辛探索之后,成功开发出一种便捷高效的农业科技电子文献信息系统,最终成功地与上述三大系统实现了对接。不仅如此,在德国政府的支持下,农业生产领域还增加了科技信息网络系统、食品和农业资料检测系统数据、农业科技期刊数据库等先进的服务管理系统。农业生产信息系统的优化,不但为生产一线的农户提供了便利,而且为联邦信息发展战略中心提供了相应的生产数据信息、市场需求指数及全球农业生产信息等必要的数据资料。

3. 加强立法，实现土地资源规划，实现农地管理规划体系化

为促进农地集中和基础设施建设，德国政府通过土地资源规划实现农地高效管理。一是出台相关法律法规，德国出台了《联邦国土规划法》，各州在此基础上颁布了地方规划法。20世纪50年代，出台了《土地整治法》，明确了空间整治和区域发展规划。除上述综合性规划外，各级还派生出各种专业规划，基本形成了完备的土地规划与计划管理体系。二是德国通过大型的地理信息项目，利用地理信息系统及遥感信息技术获得生物物理数据，配合土地水资源管理计划，同时参考了社会经济与体制发展因素，将世界粮农组织准则作为评估依据，并将区域治理与规划战略目标相结合，使农地规划具有很高的可行性与较强的操作性。三是加强建筑招标的管理。州一级的招标既要遵循《建筑法》又要以欧盟的建筑指南为准则，实现在欧盟范围内建筑设计师的自由招标。招标前的准备工作包括编写招标书、绘制土地规划图、空间规划图、技术规划图，做好资金预算。同时，为了增加工程施工的公平性和透明性，需要在当地报纸上发布信息公开招标。

4. 政府高度重视农产品精深加工与贸易，促进一二三产业融合发展

一是出台税收优惠政策，德国极其看重农产品的加工和贸易的发展，不仅减少征收相关企业的税收，还加大对农业企业补贴和融资的财政支出，因此创造了发达的农产品加工业，使农民成为农产品加工增值的受益者。二是建立相关的研究中心推动生态农业的开展。近年来，国家用于"工业作物"研究和开发的专项拨款达6000万马克，并成立了专门机构，如生物原料和生物能源研究中心，使相关科研有所突破，以推动和协调全国"工业作物"的种植和新技术、新工艺的推广。三是发展创意农业，通过对农产品的加工与贸易最终促进三产的融合。创意农业是创意产业与传统农业的有机结合，是农业转型升级的重要方向，对于农业要素优化配置、农业功能拓展等具有深远的意义。

第四章 中等规模农业类国家农业农村现代化实践与经验

参考文献

[1] 毛世平,龚雅婷,刘福江.英国农业补贴政策及对我国的启示[J].农业现代化研究,2017,38(1):31-37.

[2] 黄少安,谢冬水."圈地运动"的历史进步性及其经济学解释[J].当代财经,2010(12):11-18.

[3] 李中华,曹春燕,辛德树.国际农业合作社的发展、经验及对我国的启示[J].青岛农业大学学报(社会科学版),2008(1):46-51.

[4] 刘倩.20世纪30年代的英国农业改革与国家干预[J].世界农业,2018(8):80-84.

[5] 刘倩.第二次世界大战时期英国的农业政策研究[J].世界农业,2017(6):99-103.

[6] 马宪辉.英国农业概况[EB/OL].(2016-12-29)[2018-12-20].https://max.book118.com/html/2016/1227/77476965.shtm.

[7] 林海丽.英国农业休闲旅游发展的经验与启示[J].世界农业,2016(4):130-134.

[8] 张辉,崔泽民,宋玮,等.英国现代农业发展的启示与建议[J].中国农业资源与区划,2016,37(4):62-68.

[9] 农业部计划司.英国现代农业发展的六大经验启示[EB/OL].[2017-03-23].http://www.cuncunle.com/forum-10101-article-1751490688160148-1.html.

[10] 郭永田.英国农业、农村的信息化建设[J].世界农业,2013(2):105-109.

[11] 史若萌.启示与借鉴:农村职业技术教育发展之国际比较[J].赤峰学院学报(自然科学版),2009,25(12):203-204.

[12] 汤霓.英、美、德三国职业教育师资培养的比较研究[D].上海:华东师范大学,2016.

[13] 丁国杰,朱允荣.欧盟三国农民教育培训的经验及其借鉴[J].世界农业,2004(8):51-53.

[14] 蔡巧燕.基于英国现代学徒制的新型职业农民培育模式的构建与实践[J].山西农经,2016(17):10-11.

[15] 法国经济发展史对我国现代化启示[EB/OL].[2014-11-13].https://wenku.baidu.com/view/558de9794431b90d6d85c705.html.

[16] 刘养洁,王志刚.法国农业现代化对我国农业发展的启示[J].调研世界,2006(7):39-41.

[17] 杨澜,付少平,蒋舟文.法国小农经济改造对中国的启示[J].世界农业,2008(10):

49-51.

[18] 卫荣，宋莉莉，王秀东. 法国粮食安全政策对中国的启示 [J]. 世界农业，2015（5）：86-89.

[19] 季开胜. 法国中小企业国际化促进政策及对我国的启示 [J]. 法国研究，2014（4）：21-26.

[20] 王岩琴，牟淑慧. 法国促进中小企业发展的主要做法和经验 [J]. 中国中小企业，2014（3）：68-69.

[21] 马洁. 法国农业旅游的发展经验与启示 [J]. 世界农业，2016（4）：144-147.

[22] 佚名. 法国"理性农业"带来的启示与借鉴 [J]. 农业工程技术，2016，36（11）：78.

[23] 佚名. 法国"理性农业"带来的启示 [J]. 新农业，2015（20）：59-60.

[24] 凌薇. 法国生态农业的发展启示 [J]. 农经，2018（6）：84-87.

[25] 辛霁虹，王大庆. 农业科技发展比较分析 [J]. 农场经济管理，2018（8）：11-16.

[26] 刘金东. 法国农业合作社探析 [J]. 企业导报，2015（20）：12-13.

[27] 鹿安. 法国农业合作社解决小农生产与大市场矛盾 [J]. 当代农机，2018（3）：57.

[28] 金国煜. 法国中等农业职业教育发展的特点及对我国的启示 [J]. 黑龙江畜牧兽医，2018（8）：218-221.

[29] 李环环，牛晓静. 法国农民职业培训体系对我国的启示 [J]. 中国成人教育，2017（1）：154-157.

[30] 朱敏. 二战后德国经济法的发展历程及其借鉴意义 [J]. 长治学院学报，2010，27（3）：6-8.

[31] 杨魏浦，丘耀辉. 浅论二战后德国经济法的发展历程及其借鉴意义 [J]. 辽宁教育行政学院学报，2009，26（7）：23-26.

[32] 陈新田. 论德国农业现代化的经验及其启示 [J]. 江汉大学学报，2005（2）：32-35.

[33] 刘继芬. 德国农业现代化的进程与措施 [J]. 中国农业信息快讯，2001（2）：24-25.

[34] 方文熙. 德国农业机械化装备与发展趋势 [J]. 福建农机，2016（3）：47-52.

[35] 宫少俊. 德国发展农业机械化的启示 [J]. 当代农机，2013（1）：54-55.

[36] 张晓晨，刘旭. 德国农业机械化发展对中国借鉴意义的思考（上）[J]. 农机质量与监督，2011（2）：39-41，45.

[37] 张晓晨，刘旭. 德国农业机械化发展对中国借鉴意义的思考（下）[J]. 农机质量与监督，2011（3）：38-41.

[38] 田万程，邱国侠. 德国循环经济立法对中国的启示 [J]. 经济研究导刊，2013（19）：294-296.

第四章 中等规模农业类国家农业农村现代化实践与经验

[39] 刘岩.德国《循环经济和废物处置法》对中国相关立法的启示[J].环境科学与管理，2007（4）：25-28，34.

[40] 姜国峰.美日德等国生态循环农业发展的332模式及"体系化"启示[J].科学管理研究，2018，36（2）：108-111.

[41] 朱薇.国外循环农业模式及其对中国循环农业经济发展的启示[J].世界农业，2017（6）：158-160，190.

[42] 李江南.美国、德国和日本循环农业模式的实践、经验及其比较[J].世界农业，2017（6）：17-22，236.

[43] 谢作前.德国农业信息化技术的现状及发展趋势[J].全球科技经济瞭望，2009，24（4）：15-17.

[44] 刘继芬.德国农业信息化的现状和发展趋势[J].世界农业，2003（10）：36-38.

[45] 周应恒，俞文博，周德.德国农地管理与农业经营体系研究[J].改革与战略，2016，32（5）：150-154.

[46] 杨国新.德国的农地产权管理[J].农村经营管理，2011（2）：47.

[47] 程晓，张侬，连丽霞.中德两国创意农业发展比较研究[J].中国农学通报，2015，31（29）：253-258.

[48] 于雪梅.德国创意农业一瞥[J].中国乡镇企业，2012（4）：86-87.

[49] 刘丽伟.发达国家创意农业发展内在机理研究：以荷兰、日本、德国、英国为例[J].世界农业，2010（6）：20-24.

第五章　小规模农业类国家农业农村现代化实践与经验

日本、韩国这两个东亚的近邻国家，不仅是一衣带水的邻居，而且更具有非常相似的国情，是最为典型的人多地少国家，农业资源禀赋非常稀缺。农业以小规模的家庭经营为主，普遍经营规模都在4公顷以下，农业生产面临老龄化的困扰，提升劳动生产率、土地产出率和资源利用率都是农业发展的重要目标，"六次产业"发展较好，精品农业较为发达，优质、优价同步。在强大的综合农协系统和相关政策支持下，实现了农业农村现代化，探索人多地少国家如何实现农业农村现代化的道路与模式。这对于我国绝大多数地区都具有非常重要的参考价值。

一、日本农业农村现代化实践与经验

（一）日本概况

日本是世界人口密度最大的国家之一，典型的人多地少国家，位于亚欧大陆东部、太平洋西北部，环太平洋火山地震带，地震、火山活动频繁，国土面积37.80万平方公里。日本东部和南部为太平洋，西临日本海、东海，海岸线长而弯曲，约3万公里，多海湾和良港，东部太平洋一侧多入海口，形成许多天然良港。作为岛国，虽然日本国土面积狭小，资源有限，但依靠有针对性的政策和规划，将农业做成世界闻名。

日本属于多山的国家，80%的国土面积是丘陵和山地，脊状山地将日本分为靠日本海一侧和靠太平洋一侧，多数山为火山，全球有1/10的火山位于日本，1/5的地震发生在日本。平原主要分布在河流的下游近海一带，多为冲积平原，沿海平原狭小分散，关东平原最大。日本国土森林覆盖率高达67%，土

第五章 小规模农业类国家农业农村现代化实践与经验

壤贫瘠,主要为黑土(火山灰)、泥炭土及泛碱土,大部分冲积土已开垦为水田,形成特殊的水田土壤。日本属温带海洋性季风气候,终年温和湿润,冬无严寒,夏无酷暑。日本境内水资源丰富,是世界上降水较多的国家,年降水量700～3500毫米,最高达4000毫米以上。

近年来,日本耕地面积不断减少,农业人口不断流失,粮食自给率已连续多年下滑,2015年,日本全国耕地面积为449.6万公顷,较上一年同期减少0.5%。日本的农业生产以小农户为主,但近年农户经营规模逐年增加,超3公顷的农户数量增多,耕地经营的集中化越来越明显。通过农地流转使土地集中和扩大生产规模是日本政府农业新政策的核心内容之一。此外,日本还是世界第四大渔业国,太平洋北部渔场是世界三大渔场之一,鱼类资源丰富。但受限于人多地少等实际情况,日本有自给生产能力的粮食和畜产品仅限于大米和鸡蛋。2016年,日本农业总产值约为62 274亿日元,占GDP总量的1.15%,总产值中占比最大的是肉类,其次是蔬菜和大米。主要大宗作物的产值几乎都是在1985年达到高峰后开始减少,产值的变化与产量的变化基本一致。2016年,日本粮食自给率下降到38%,比上一年度低1%。在这种情况下,为弥补需求缺口只能依靠农产品进口。

随着土地不断集中,日本的农业劳动力数量也在大幅下降,目前,占日本总人口不到3%的农业人口支撑着农业生产。2015年,农户总数为215万户,其中,自给农户和销售农户分别为82万户和133万户。与历史水平相比,农户总数量、自给农户和销售农户的数量均有所减少。2018年2月,日本统计局对于劳动力就业情况的调查显示,日本农、林业从业者约有339万人,同比去年增加21万人。但在日本12个行业类别中,农、林业劳动力总数最少,约占劳动力总量的2.8%。

(二)日本农业农村现代化历程

1. 农业现代化起步阶段

明治维新至第二次世界大战前为日本农业现代化起步阶段。废除封建制度,支持稻米价格、租佃调解,创设自耕农,实行农地私有。

1868年，明治政府为减轻农民负担，废除了封建制度的束缚，促进农业发展来支持工业。1870—1912年，通过税制改革、财政支出和老农化（将老农经验技术进行总结和改进推广）等措施，加大农业投资力度，深耕技术、品种改良和化肥运用得到普及，农业走出了停滞状态。1900年，农业讨论会、种子交换会等农业团体在农民自发组织下成立，日本政府并在此基础上成立了可向农户进行补贴和提供贷款的"日本农协"。

1910年，日本农业局势改变。一方面，因为爆发战争，农业产值逐渐下降，工商业兴起并吸引了更多了的资本流入；另一方面，因战争胜利，日本占领朝鲜和中国台湾省，大量的稻米输送到日本，使国内稻米供大于求，严重影响了日本的粮食价格，农业经济日益衰退。从1920年开始日本政府采用了租佃调解、农村建设和保护稻米价格的农业发展战略，为保障农户利益政府制定《稻米法》稳定市场价格。通过《租佃调解法》和《自耕创设维持法》，以减免佃农的地租，缓和农村矛盾。通过《开垦帮助法》、《新农协法》和《水利灌溉项目补助规定》为农户提供各种生产保障，包括农户修路补助，开荒修渠资助及政府为减轻贫困实施的农业自救补贴和生产性贷款服务。

20世纪20年代末至30年代初，日本经济危机频发，政府为缓解农业发展的衰退增加了农业财政的支持力度。一是废除原有租税条例，取消按地价征税，减轻了农民纳税负担；二是向农户提供免息或低息的贷款，并无偿或低价向贫困农户供给肥料、种子和粮食；三是建立财政补助制度；四是制定包括医疗保险的《国民健康保险法》。1938年出台的《农地调整法》开始了农地改革，旨在废除以封建地主所有制和土地租佃制为基本框架的封建土地制度，创设自耕农，实行农地私有，这一改革为战后以家庭为单位的农业现代化发展奠定了制度基础。

2. 农业现代化的探索阶段

第二次世界大战后至20世纪50年代为农业现代化的探索阶段，开展土地改良运动提升地力、土地利用率，组建农协提升农民的组织化程度。

（1）针对"三利""三不足"展开的土地改良运动

在农业现代化初期，日本广泛存在着"三利""三不足"的现象。其中"三利"

第五章 小规模农业类国家农业农村现代化实践与经验

指第二次世界大战前由于明治维新政府大力发展农业,极大地提高了农业生产率,农业态势良好;农民农业科技意识高,农业生产广泛使用化肥;日本除了北海道和本州西北部,多数地区气候条件适宜,为农作物的生长提供了良好的条件;"三不足"指第二次世界大战结束后,日本战败并导致多方面损失惨重,大量的青年劳动力减少使农业生产停滞;日本耕地面积狭小且地块分散;小农户生产使耕地规模难以集中。第二次世界大战后日本农村彻底成为自耕农的"汪洋大海",结束了地主制度。

提高土地利用率和改变土地属性是日本改良土地的重点所在。日本从个体和国家两个层面进行了土地改良运动,在个体层面,农户自发的对土地进行轻度改造和修整;在国家层面,政府加大对农业的财政支持,并通过制度各项法律和政策对耕地进行有效改良,包括土质改良、农田道路和水利工程建设及生物灾害预防等。土地改良运动是日本特色农业现代化的开端,主要为了提高土地利用率、增加地力和耕地面积。土改运动分三步:一是为实现对水田的改造,日本在1949年颁布了《土地改良法》;二是由于日本经济飞速发展使得居民的生活水平不断提高,人们对食物的需求也在发生改变,畜产品、蔬菜和水果的需求量不断上涨,为适应此变化,日本政府自1960年后便开始了对旱田的改良;三是为了发展畜牧产业,迎合人们对奶制品不断上涨的需求,20世纪60年代中期政府对草地进行了改良。

(2)通过组建农协提升农民的组织化程度

农协是日本农民自主、自助、自治的重要经济组织。1947年,日本发布《农协组织法》,规定农协是依法成立的非营利性农民合作组织,成立其的主要目的是无偿的为农业生产经营者提供各种涉农服务和指导,帮助他们降低农业生产成本,提升农业生产力水平,增加农业生产收入,进而促进国民经济发展。一方面,日本重视农协的发展,将农协看作农业发展的重要机构组织,并且通过制定各种法律和政策为其提供良好地外部条件,规范其发展路径,加大财政支持并减少税收力度;另一方面,农协作为维护农民利益的经济组织,对农协内部的社员体现公平公益,对外部市场追求利润,并重视培养技术人才普及农业技术知识。日本参加农协的农户数量比例达90%以上。农协在农业生产和流通两个领域都发挥着重要的作用，为农业生产发展构建起了强有力的社会化服务体系，是日本农业由传统农业向现代农业转变，进而为实现农业现代化提供了重要保障。

3. 农业现代化快速发展阶段

20世纪60年代至20世纪末为日本农业现代化快速发展阶段。工业化与农业现代化同步快速发展，农业化学化、农业良种化、农业机械化的推进提升农业现代化进程。

（1）通过以工哺农，推进工业化与农业现代化同步快速发展

这一时期日本为了提高粮食产量、解决食物短缺的现象，政府颁布各项法令鼓励农户提高单位面积产量，提高土地生产率，加速农业发展进程，同期，日本工业快速崛起，吸引了大量农业劳动力向城市转移，从事非农生产；使得农业劳动数量减少，农业规模不断扩大，为实现农业生产要素的优化配置和机械化农业生产工具的应用创造了必要的外部条件。

首先，政府财政增加对农业生产领域的投入，尤其注重农村教育和农业科技水平提升。20世纪60年代中期至70年代初期，日本的公共教育投资年均增速达17.6%，迅速形成了完备的公共教育体系。正是公共教育体系的建立与完善，使得日本农业发展在20世纪60年代就步入了世界先列。尤其在农业生产的生物技术、化学技术、种植技术和水利灌溉设施技术等方面研究成效显著，促进了日本农业现代化的进程，提供了重要的科学技术支撑。

其次，城市高度发达的机械装备技术在农业中的应用成为推进农业现代化又一重要引擎。20世纪60年代初，日本进入了城镇化快速发展阶段，大量农村劳动力向城镇转移就业，为大规模进行机械化生产作业奠定了基础。因此，从20世纪60年代初，日本就支持研究机构和机械制造企业针对日本耕地自然分布特征，研究和生产与之相适应的各种机械化工具。1968年前后，日本农业基本普及机械化。

同时，城市工业的发展也相应为农村劳动力向城镇转移提供了更多的就业岗位。1960—1970年，从农业中转移出的劳动力就达600多万，平均每年从农业中转移出的劳动力达60万人。据统计，从20世纪50年代中期至70年代

初,从事农业生产经营人数就由1600多万人降到了1000万人左右。到20世纪70年代中期,农业生产经营领域的就业比率就降至13%;到20世纪90年代末期,进一步下降为5%左右,而服务业领域的就业人员比率则提高到了63%以上。

(2)农业化学化、良种化、机械化的推进提升农业现代化进程

农业化学化推进了日本农业现代化进程。化学物质在农业生产中的使用极大地推动了农业生产率的提高,增加了农产品的产量和品质,成为农业生产力提高的重要标志。

农业良种化也推动了日本农业现代化的进程。其中,水稻的品种改良是日本良种化进程中的重要部分,且改良技术已取得世界领先地位。为了适应不同的气候条件,日本水稻品种多样。除水田的良种化改造,日本还进行了旱田的品种改良,设施型农业在20世纪60年代后期被广泛应用到了果蔬产业中,政府多次进行品种品质的改良,日本果蔬业也位于世界领先水平。

精耕细作的小农业在自由市场体制下对于机械化大农业并没有什么优势。20世纪60年代日本为适应市场开始全面普及机械化生产,这一时期成为日本农业推广机械化的关键期。日本机械化特征:一是机械化适应日本农田的地形及分布特点。由于受日本地形的影响,山地较多,农田分布无法集中,地块多且分散,对农业机械化的要求较高。因此,日本在推行机械化的同时兼顾了自身的农业特点。例如,日本优先利用小型、轻型机械化带动农业机械化的发展,来适应地块分散、农地经营规模小的特点。使得日本在小型化、轻型化、适用化的机械发展道路上成效颇丰。二是机械化设备种类齐全,旱田、水田、畜牧业和果树业的生产系列机械及病虫害防治等田间管理机械一应俱全。日本在20世纪70年代已全面实现农业机械化,解放了人力、畜力,极大地提高了农业劳动生产率。

4. 农业现代化不断提升阶段

20世纪末至今日本处于农业现代化水平不断提高阶段。"生态效益农业""有机农业""绿色农业"等现代农业模式提高农业现代化水平,农业物联网技术、完善的农业市场信息服务助推农业现代化。

（1）"有机农业""生态效益农业""绿色农业"等现代农业模式提高农业现代化水平

20世纪90年代初，日本对农业法进行补充，扩大到食品领域，更加注重食品品质及数量的稳定供给。1999年，食品、农业、农村基本法成为指导21世纪农业发展的新法，来保障农业经济、社会的多功能性，指导农业产品稳定供给，振兴乡村发展。另外，在农业发展具备稳定法律环境的基础上，日本开始探索现代化的农业模式，注重"生态效益农业""绿色农业""有机农业"的发展，将生态、环境、经济和社会效益有机融合，提高了农业现代化水平。

（2）农业物联网技术的应用

U-Japan计划由总务省提出以来，就致力于建立人和物互联的网络体系。农业物联网技术也包含2004年农业物联网列入了日本政府计划，为农业现代化发展提供科技支撑。到2014年，农业物联网技术普及和应用，半数以上的农户都已使用该技术进行农业生产，极大提高了农业效率，改善了农村劳动力缺乏的问题。在农业物联网技术普及的基础上，农产品的流通效率和农业生产效率大幅提高，政府预计2020年农业出口总额将达1万亿日元，与此同时，云端计算技术将达到农业市场的75%。农用机器人也将在未来10年内得到普及，到2020年农用机器人的市场规模将达到50亿日元。

（3）完善的农业市场信息服务

日本拥有较为完备的农业市场信息服务体系，推动了农业现代化的进程。农业市场信息服务体系主要包括两部分：市场销售信息服务系统和行情预测系统。其中，市场销售信息服务系统是由日本的"农产品中央批发市场联合会"主办，主要为农户、运销商和消费者提供较为详细的市场信息，每天都可实时监控各类农产品的销售状况。目前，日本已有564个地区批发市场和82个中央批发市场每天实时发布农产品的销售及进出口数量。行情预测系统是由"农协"自主统计发布的农产品的生产数量和价格的预测系统，可向农户和销售商展示全国1800个"综合农业组合"的农产品生产行情，弥补小农户信息不对等的现象。日本这两个完备的农业市场信息体系可以发布较为准确的农业生产信息，农户可以及时掌握农业动态，准确了解各类农产品的销量、价格并对自己的生

第五章 小规模农业类国家农业农村现代化实践与经验

产行为做出相应的调整，避免因小农户和大市场的信息不对称而导致农产品滞销或者短缺问题，使农户生产明确销售有序。农业市场信息发布的越及时、准确、全面，越能对农业生产和销售行为达到更好的指导作用，为此，日本政府极重视农业市场信息的有效性，并颁布一系列的法律监督批发市场义务输送农产品生产销售的各类信息，保证农业市场高效有序的运行，提高农产品的交易量，带动农业发展。

（三）日本农业农村现代化典型经验与特点

1. "六次产业化"

"六次产业化"的发展，延伸农业产业链，提高农产品附加值，增加农民收入，增强农村发展活力，促进城乡一体化发展。

农业"六次产业化"即"一产×二产×三产"，指第一产业向第二、第三产业扩展，依托当地农业优势资源，将农产品的生产、加工、销售等环节联系起来，形成一体化的产业结构，完善产业链，提高农产品的附加值，增加农民收入。通过"六次产业化"，日本不仅将产业链深度融合，使农产品初级生产者和加工者、服务者合作，进一步提升了农产品的附加值，最大化地保证了农户的利益，而且提升了日本农产品的品牌建设，扩大农业影响力，提高国际竞争力，可以更好地将人力、资金等引入农业产业，增强农村活力，促进农业现代化发展。日本在"六次产业化"中，一是颁布了一系列法令政策，力求为"六次产业化"进程创造良好地外部环境。日本政府在《农山渔村第六产业发展目标》中，首次提及"六次产业化"，后又制定了《六次产业化白皮书》《六次产业化·地产地消法》等各项文件来推动"六次产业化"战略进程，与"地产地消"结合促进实现农业的可持续性，带动农村发展，增加农民收入，提高人们的物质生活水平，发挥农业文化、社会、经济的多功能目标。

二是设立了推动"六次产业化"战略实施的组织机构。该组织机构涉及十几个部门，包括农林牧渔各个领域，为六次产业化的生产、加工、销售及运输等环节提供管理及服务活动。此外，日本政府与民间组织成立了支援基金，主要是对农林水产业者与其他产业者给予资金及经营管理上的协助。

三是确立了提供审批流程的认证体系。日本主要通过综合化事业计划和农工商联合计划推进"六次产业化",认证的农林渔业团体可享受国家政策的扶持和补贴。其中,农工商联合计划是由经济产业大臣和农林水产大臣负责,向农林企业和渔业者制定的事业计划,与综合化事业认证流程相似。近年来,农工商和综合化事业计划的认证数量快速增长,5年内农工商联合事业计划认证量增长了42.1%,综合化事业计划认证数量增长了3倍。

四是制定专项政策支持"六次产业化"战略。在国家财政支持方面,政府设定专项资金补贴"六次产业化"的发展,包括加工机械费和场所扩建费用等。除了政府专项资金,还设立了投资基金,由企业和国家出资,通过"农林渔业成长产业化支援机构",以政策补助金、"劣后"贷款和股权投资的形式支持农林渔业者投资发展"六次产业"。在人才与技术支持方面,《农林水产技术研究计划》由农林水产省牵头制定,通过推进创新性技术的开发和保护、建立全国农业科研实验网、科技推广普及和积极发展农业教育4个方面开展支持。除基础的农业教育,日本还开创了特色农业教育,通过农业实践培养农业专业人才,开展地域人才活用教育计划,提高学生的创新及实践能力。

2. 利用各地优势资源,普及"一村一品"运动,发展区域特色经济

日本的"一村一品"可帮助农村发展特色产业,实现产业化。其主要目标是留住青年劳动力,保持农村活力;引领农户自主致富,降低城乡差距;形成农业的产业化规模化经营。成功之处在于根据地域特色,发掘最合适资源,发展产业群和当地经济。

"一村一品"运动是发起在农民自主自立的原则基础上,当地政府通过宣传和鼓励的方式,激励各町、村发展家乡特色农产品、特色农业,并帮助他们解决一些有关基础设施建设、技术研发及推广等方面的切实问题。"一村一品"运动是搞活地方经济的一种有效途径和重要手段,有助于突出地方农业特色、挖掘农业优势资源。早在20世纪80年代初,日本大分县开始实行"一村一品"运动,注重发挥农业区域特色,挖掘人的潜能。"一村一品"就是充分利用本地资源优势,因地制宜,挖掘可以成为本地区标志性的,具有当地特色的产品或服务,并尽快将它培育成为全日本乃至全世界一流的产品和服务。大分县以

第五章 小规模农业类国家农业农村现代化实践与经验

振兴农产品为目标,重点抓产地建设、基础建设、培育品牌、培养人才4个环节,自开展"一村一品"运动以来,培育了上百种特色产品,极大地提高了在国内外市场的知名度,增加了农业收入。又比如日本京都郊区农村长期专注于种植传统蔬菜,围绕多个重点品种,打响了"京都蔬菜"这一品牌,并成功推向全国和世界市场。虽然"京都蔬菜"的价格是其他产区的同类产品两倍以上,但在市场上仍然供不应求。

3. 农协推动社会化服务体系的完善和发展,促进农业服务形式多样化

日本社会化服务形式多样,而农协作为日本最重要的合作经济组织,一直以来在农业现代化过程中都发挥着举足轻重的作用。1948年日本通过了《农业协同组织法》,自此,农协作为农民自发的群众组织,在政府财政的支持下开始联合小农进行农业活动。利用农协组织将农户与市场联系起来,使农户在生产资料的购买、农业生产、农产品加工、销售和运输等各个环节与市场紧密对接,极大地保护了农民的利益。

一是农业生产资料的供应服务。一般有购入农业生产资料需求的农户会提前向农协申请订购,由农协组织汇总,然后购买系统通过县联合会向生产资料供应方订货,采取送货到户方法将生产资料送到农户手中。生产资料订购服务是农协组织的一项重要职能,在一定程度上最大化地保证了农民的利益,降低了生产成本。

二是农用机械和设施服务。在生产环节中,农协还提供农业生产机械的社会化服务,通过机械服务中心、农机具服务站等一系列配套设施,在农业生产的育苗、播种、田间管理、加工等各环节向农户提供机械设施服务。农户在使用租赁服务时只需向农协交纳机械租赁费及一定的保养和维护费用。

三是农产品加工、储存、运输和销售服务。农协组织不仅有购买生产资料的产前、产中服务,而且还包括产品加工、运输和销售的产后服务。农协将社员的农产品进行统一的管理,由销售服务系统向超级市场、拍卖市场和消协等渠道销售产品,解决了小农户对接大市场难的问题,最大限度地维护了农民权益。

四是信贷服务。日本农协还通过吸收农户储蓄存款、利用政府财政补贴、发行农林债券及向银行机构借款等方式筹集资金,向农户发放信用贷款服务,解决小农户向金融机构贷款难的问题。农协的信贷服务主要由信贷系统负责，信贷收益用来支付管理费用、员工工资及二次返利给农户。

4. 大力普及农业机械化，重视科技创新，为农业农村的现代化发展之路提供动力

日本属于人多地少的国家，水资源较丰富，水田面积广，山脊纵横、丘陵起伏，使土地面积难以集中，地块分散，且土质贫瘠，在全面分析其地形地貌的特征及自然资源的基础上，日本因地制宜，确定了优先水利化、化学化而后机械化的方针，并推动科技创新和技术研发。

一是日本农业发展至今，其农业基础设施基本完善，实现全面覆盖。日本通过引进先进的农业设备，并根据本国经营规模小，山地丘陵多的实际情况，对其进行轻巧化和小型化的改造。"第四次土地改良长期计划"资金中有约2600亿日元主要是用于农业基础设施建设。时至今日，日本农业机械化基本普及，一个普通农户都能拥有耕地、播种、收割、扣地膜、拉地膜、农产品加工等农用机械，农业生产全过程基本实现机械化，中小型机械为农业生产的主力。

二是重视农业科技创新。为应对自身农业发展存在的问题，日本曾多次通过科技创新手段提高生产率，为解决粮食短缺问题，日本在农业领域重点研发高产品种并提高种植技术。20 世纪 70 年代，日本农业劳动力明显不足，为此节省劳动力，提高劳动生产率的农业科技被广泛普及和应用，如插秧机替代人力播种可节省大量的劳动力。接着为迎合人们日益增长的高质量需求，水稻的研发重点开始转向提高口感。信息通信技术近年开始在设施园艺，甚至土地利用型农业中广泛应用。采用农业新技术可以极大地降低生产成本。高密度育苗及移植栽培技术可做到成倍减少移秧工作量，降低劳动成本。水肥一体化技术的采用大幅降低了作业时间和肥料费用。在此基础上，日本还坚持改造本国固有品种，强化其国际竞争力，并对原产于国外的农牧产品，积极进行驯化改良，提高其适应性和品质，并逐步培育成日本独有的优良农产品，部分出口海外。除此之外，在农业生产中使用遥感、信息及智能物联网技术，可以实时记录农作物生长信息，以便及时改善种植方式，提高生产效率。

5. 政府积极推动立法,实行多样的农业政策,为农业农村现代化发展提供保障

日本土地资源短缺,地震等自然灾害频发,严重影响着国内的农业发展进程,导致农业成为弱势产业。为了促进农业发展,激活农业市场,日本政府长期实施农业保护政策。对国内外市场,政府采取高关税、高补贴、非关税贸易壁垒和配额贸易等举措对农业进行支持保护,激发农业生产积极性,开拓农业市场。在国内,日本政府制定了多项农业政策:增加对农业的财政支持,并提供贴息贷款服务;加强了水利基础设施建设的力度;将农产品价格支持政策向农户收入支持政策转变;对环保型农业组织直接补贴,保护农业的多功能性。

虽然农业保护政策在一定程度上稳定了农业的发展态势,但总体来说日本农业仍处衰退状态。且因日本长期的农业保护使其他产业的出口遭到贸易国的冲击,加剧了工农业贸易的不平衡。因此,随着逆差增大和贸易自由化的发展,日本被迫减少保护政策。但长期的保护政策使农业发展依赖政府,偏向计划经济,很难进入市场参与竞争,再加上日本老龄化加剧,使得农业发展面临巨大地挑战。

二、韩国农业农村现代化实践与经验

(一)韩国概况

韩国地处亚洲大陆东北部朝鲜半岛的南段,三面环海,北部与朝鲜接壤,西部与中国隔海相望,东部和东南部相邻日本海,是典型的半岛国家。韩国多山,山地占国土面积的2/3。太白山脉纵贯韩国东海岸,太白山脉东部受到海水侵蚀在韩国东海岸形成悬崖峭壁;西部和南部山势平缓,形成西海岸和南海岸的平原和近海岛屿与海湾。韩国属大陆性季风气候,四季分明,冬季受西伯利亚干冷气团影响寒冷干燥,夏季受东南季风影响温暖湿润,春秋两季较短,降水主要集中在6—9月的雨季。

2016年韩国GDP为1637.42万亿韩元,其年增长率几乎每年都在2%以上,韩国GDP整体呈现稳中有进的态势。2016年人均GDP为2.75万美元。韩国地少人稀，国土面积10.03万平方公里，其中耕地面积203.3万公顷，占国土面积的20.45%。随着韩国城镇化和工业化的进行，20世纪80年代后，韩国农业就业人员占比总体呈现下降趋势，从1980年的34%下降至2017年的4.89%。20世纪60年代后，韩国的人口总量总体呈现上升趋势，从1960年的2507.42万人上升至2016年的5124.57万人。由于人口的大幅增长，韩国的人均耕地面积整体呈现下降趋势，1961年为人均0.08公顷，降至2009年0.03公顷，是世界人均耕地面积最少的国家之一。

20世纪50年代韩国为世界上最贫穷的国家之一，在朝鲜战争期间，韩国的经济受到了严重打击，到20世纪60年代以后韩国迎来了飞速发展，成功地实现了农业现代化。其转型成功主要归功于以下几个主要原因：一是政府采取强有力的宏观调控，前提是顺应农业的现代化发展的规律，利用法律手段、经济手段、行政手段等对农业的现代化进行合理的干预与调控。二是创新农业现代化组织，韩国采取的方式是"新村运动"，是自上而下带动的运动，"新村运动"在极短的时间里使农村旧貌换新颜，使农民尝到"新村运动"的甜头，使"新村运动"中的农民由被动参与变为主动参与。三是重点发展农业科学技术，成功推进了绿色革命。韩国科研工作者采用粳型及籼型水稻品种最终培育了新的水稻品种，相较其他水稻品种增产30%。自此，在韩国兴起了以推广新稻种为中心的粮食自给运动，"绿色革命"由此展开。四是统筹农业和其他行业综合发展，农业中的剩余农村劳动力被工业及其他的非农业部门吸收使农业现代化的生产得以实现，同时也带动了农业工程技术及生物化学技术的变革。

（二）韩国农业农村现代化历程

1. 现代化初步发展时期

20世纪60年代的"增产农政"，是韩国农业现代化的初步发展时期。两个五年计划助推韩国农业走向正轨。

20世纪60年代，韩国实行了两个经济开发五年计划，第1个经济开发五年计划（1962—1966年）的基本方针：以提高农业的生产力为重点。具体包含的内容是建立、健全本国农业区域的管理监督机构，帮扶农村中的自立农；

第五章　小规模农业类国家农业农村现代化实践与经验

支持农民拓展耕地及牧场；使农产品的价格保持稳定，使农业生产的物资及贷款等得到充足的供应。第2个经济开发五年计划（1967—1971年）主要目标：实现农业生产结构现代化的加速发展；建立和健全农业的自立经济，以期实现农业年均5%以上的增长目标。从"一五"计划以来，经济得到了快速的发展，短时期内使农村经济的工业化和农村人口的城市化得以实现，韩国成为发达国家中的一员。主要原因在于农业政策的及时调整与完善。一是价格政策，1950年韩国出台了《粮食管理法》，法律规定：为了韩国的经济和价格水平得以平稳发展。韩国政府对于粮食的分配及销售的掌控是必要的，同时，为了方便政府制定的粮食价格高于市场的价格，按照政府制定的价格从农民那里直接购买，实行充分的控制是必要的，既稳定了国家粮食价格，又保证了国家粮食安全。二是投资政策，在第1个五年计划期间，韩国加大了对于农业的投资，其中，农业的额度是336亿韩元，占政府的投资额度17.6%。对于农业基础设施的建设，如修建灌溉设施、开垦和整治农田等，投资了146亿韩元，占比为43%。对灌溉设施投资数额最大，为100亿韩元。三是信贷政策，农业银行成立后，在政府的一系列政策支持下，向农民进行信用贷款，为农业的发展打下坚实的基础。四是土地政策，韩国在1962年颁布了部《土地规划法》，颁布该法律的核心目的是促进大规模的工业建设征用土地合法化。当时的原则是工业是至高无上的，这一做法为其城市化的开始打下了坚实的基础，为其农村劳动力的转移铺平了道路。

2. 加速发展期

20世纪70年代是韩国农业现代化的加速发展时期，新村运动、绿色革命、乡村工业、商品化农业的发展极大地推动了其农业现代化的进程。

一是较高的粮食价格政策，制定了"增加农渔民收入特别事业计划"，使韩国从传统的自给自足的小农经济发展模式中摆脱，转而发展商品化的农业。生产面向的是工业原材料中的经济农作物及可以供出口的产品，从而使农民快速创收及农业的现代化得以实现。二是大张旗鼓地开展了"新村运动"，向全国的3.3万个行政村及居住区无偿地提供大量的水泥，用来进行修房、修路等的农村基础设施的建设，同时，政府选出1.6万个"新村运动"的模范，激发全国广大农民群众主动创造自身美好家园的热情。三是为促进工业及农业协调发展，韩国加大农业科技的投入，提高粮食自给自足的能力，缩短城乡居民的收入差距。自第3个五年计划开始重点发展农业科学技术，成功推进了绿色革命。韩国科研工作者采用粳型及籼型水稻品种最终培育了新的水稻品种，相较其他水稻品种增产30%，"绿色革命"由此展开。四是加大力度开发农村，促进农村工业发展，自第4个五年计划实施以来，政府在直接干预、指导农业的生产，帮扶农民的生产力发展的同时，兼顾发展生产关系，逐步将以家庭为单位的自给自足的方式向兼业的商业农转变；将以米麦为主的传统农业，向多种经营的商品化农业转变，同时建立各种商品化及专业化的生产基地、流通设施，将原有的"一户一作物"的生产形式，扩大到以面（相当于我国的乡）为单位，同时将生产、加工及销售的每一个环节有机地结合，做到综合开发。

3. 农业现代化发展完善期

20世纪80年代至今，农业现代化发展完善时期。"开放农政"及推行农业机械化，农村工业的规模投资、农业工业化的实现，增加了农民收入，缩小了城乡差距，推动农业现代化的发展和完善。

一是经历4个五年计划后，农业政策基调从"增产农政"变为"开放农政"，大规模投资、大力发展农村的工业，以期实现韩国农业的工业化、农民的增收及城乡差距的缩短。二是在第5个经济发展五年计划期间，积极推进，并将其作为"向高层次产业结构转变"的整个产业政策的一环加以推广，即在国内生产的农产品为主要粮食和高附加值的产品，进口国外低附加值的产品。三是农业机械化发展迅速。在政府的支援下，由经营团体统一购置从播种到收割全过程的"流水线农业机械"，由广大农户共用。通过此种方法，迅速普及了大型水利灌溉设施、播种机及拖拉机等机械。政府向经营团体及农户提供了价值为2500亿韩元的补贴和17 500亿韩元的融资支援。韩国农业机械化的重点已经向大型水稻秧苗播种机、联合收割加工机、白菜插苗机、大蒜播种机、白薯类收获机、无破损水果选品机、农作物小型包装机、农作物嫁接机械等高性能、综合性农机领域发展。

第五章　小规模农业类国家农业农村现代化实践与经验

(三) 韩国农业农村现代化典型经验与特点

1. 新村运动

新村运动缩小城乡差距，提高农村生活质量，打破工农发展不平稳，是促进农业现代化发展的核心。

为克服农村发展环境、提高农产品价格、增加农民收入等危机，韩国发起了新村运动，采用先期政府主导，后期自主管理等发展模式，有效促进了韩国农业农村现代化发展。

一是实施农村基础设施建设，改善农村生活条件，改变农村贫穷落后面貌。韩国于1970年的冬天开启了新村运动，由韩国内务部制定了"新农村整治美化事业"的"一揽子"计划，同时选定了农村基础设施建设方面的16项村庄工程，有效改善了村庄环境"新农村整治美化事业"的成效，在客观上激励了韩国农民群体，使韩国农民参与"新村运动"充满了动力。二是制定激励村庄之间相互竞争的政策，进一步调动农民的积极性。政府将村庄分为3个等级，初级型、自助型及自给自足型，同时按不同的等级给予不同的支持力度。政府只给予等级较高的村庄资助，处于最低等级的村庄没有资助。项目执行过程中，表现越出色的村庄便能得到越多的资助。上述的村庄类型是开放的，在评估时，可能升级，也可能降级。引入差异化的竞争性资助机制有助于村民更积极地参与"乡村美化"事业。三是政府注重思想教育，提倡精神文明建设。政府对新村运动指导人员、国家的各级公务员、社会各界的负责人进行分批教育，向成效显著的村庄提供贷款，同时提供各方面的优惠政策，动员各高校教师、科技人员轮流到农村巡回传授，以及推广科学文化知识及技术。提倡每个村子都建立"村民会馆"，通过各种形式，向农民传输有益的价值观念，培养农民的主人翁自我管理意识，倡导勤俭节约的生活方式。运动成功的核心在于对带头人和农民的长期教育，增强农民的集体荣誉感、团结协作精神和良好的生活态度。在此期间国民收入、国民意识、环境改善也取得显著成效。四是提出城市乡村一体化发展概念，根据城市、农村的不同特点，农村以增加收入及改善文化、福利设施等为发展方向；城市以节省物质及提高生产力为目标，极大地推动了韩国经济的发展。通过体制整备阶段、自身发展阶段和自愿服务阶段3个阶段，提高了农民收入、缩小了城乡收入差距，完善了农村基础设施、提高了农村生活质量，打破了工农发展不平稳，加速了农业现代化发展。

2. "归农归村"事业

"归农归村"，盘活闲置土地和调整农业劳动力结构，促进韩国农业现代化的持续发展。

针对工农业发展失衡、城乡差距进一步拉大、不断涌入城市的大量农村人口、农村发展停滞、城市住房及基础设施供应不足等严重问题，韩国推行了"归农归村"事业，意在推动农业现代化发展。"归农归村"事业是转移劳动力的政策措施，既会给予希望到农村从事生产同时生活的国民机会，又为农业的后继劳动力提供了保障。"归农"是指从农村之外的地区来到农村居住，融入当地农村环境，直接或间接地从事农业生产经营活动；"归村"是指希望融入当地农村意识的从事非农业者来到农村的生活方式。一是相关政策的支持，支持引导有"归农归村"意愿的人定居创业。有对于农村空闲建筑用地和房屋的意向者都可申请入住，为相关院校的优秀毕业生提供各种便利，支持教育基地。全国和各道农业技术园及市郡农业技术中心共同合作，对5年以内归农归村者提供适应农村生活、农业生产经营、技术操作等教育，费用由政府承担。二是给予财政的支持。与农业产业相关的各部门做每年的经费预算，经过审核并且通过后，进行相关的财政支持。财政支持有贷款、补助及储备金形式。三是提供信息咨询服务。"归农归村"中心联合农业协会、农业协会中央会、地方自治团体等机构，收集关于"归农归村"的相关信息，为有意愿的市民提供全程服务，聘请经认证的农业专家提供服务，同时开通24小时咨询热线，可咨询很多与农业农村相关的问题，通过双向沟通，构成多方位、多角度的信息系统。四是提供培训。由与农业相关的各部门，委托教育文化信息院进行归农归村之前的教育。选拔优秀志愿者进行相关的实习。农业技术中心推荐的新型农户、专业农、创业农和成功归农者作为先导实习长进行一对一培训志愿者。

3. 双元化农业社会服务体系

构建主体双元化农业社会化服务体系，增强农业农村经济发展活力，建立

第五章 小规模农业类国家农业农村现代化实践与经验

完善的市场体系，提高农产品流通效率是韩国农业现代化发展的关键因素。

现代化发展与完善的社会服务体系密不可分，韩国农业社会化服务体系包含公共农业服务系统和农业协会服务系统。一是公共农业社会化服务系统，为农业社会化服务体系的基础。韩国政府通过组织大学系统普及、推广农业现代化知识，加快培育有科学文化素养的农民群体，同时定期组织专家深入农村指导农业农村现代化发展，并且开展农业科技、金融及信息服务，为农业生产指明方向。二是农业协会社会化服务系统，韩国农业协会（NACF）成立于1961年，它主要负责提高其成员的社会和经济地位，促进国民经济均衡发展。其作用主要分为3个方面：市场营销和供应、银行和保险及推广服务。在韩国农业的现代化进程中，政府主动建立和完善市场体系，提高农产品的流通效率。一是建立、健全农户与市场间协调的关系。具体的措施：在农业生产前，协会和农户约定好相关产品的收购数量及收购价格，同时会引导农户按预定计划进行经营。进入收获期，农户可依据市场的动态做出自身的选择。当市场价格低于之前约定的价格时，农户可按约定价格将农产品卖给农业协会；当市场价格高于约定价格时，农民还可将农产品卖给别的买主，促使农产品的流通和发展。二是在产地组织农民对农产品进行相关处理，以产地为中心。政府建立了完备的市场设施，通过农协会把农民组织起来，通过综合处理厂，对农产品进行相关处理后，直接销售给农产品批发商、各类大型商场、超市、团体消费者或出口国外。三是加强农产品批发市场建设。在财政投入农业农产品批发市场建设的资金占3/10，建立起由外贸市场、中心市场、批发市场、超级市场、零售市场等组成的网络化市场体系。同时，营造良好的法律环境和公平竞争秩序，除保留已有的竞卖制度外，还引用了农产品随时买卖交易制度，给农产品生产者更大的选择权。

4. 多项举措保证农业现代化

实施经济发展"五年计划"，强有力的政府宏观调控手段，保证韩国恢复、发展、完善农业现代化。

20世纪60年代以前，韩国仍处于社会动荡时期，内忧外患，但此时的土地改革等为新政府进行农业现代化发展积蓄了力量。20世纪60年代以后，韩

典型国家农业农村现代化理论与实践研究

国政府实行了经济发展"五年计划",通过确立和健全农业区域管理机构、帮扶农村的自立农、鼓励农民扩大耕地和牧场、稳定农产品价格、保证农业生产物资和贷款的充足等方式推动农业现代化发展。加速实现生产结构的现代化,促进和确立农业自立经济,计划农业年平均增长率达5%。谋求工业和农业达到均衡增长,提高粮食的自给自足率,尤其是实现大米的自给自足,缩小城乡居民收入的差距。大力开发农村,政府干预和引导农业的生产,帮扶农业农村发展自身生产力。农业政策基调变为"开放农政",大规模投资,发展农村工业以求实现农业农村的工业化,增加农民的收入,缩小城乡之间的差距。一是加大对农业的投资力度,1967年颁布的《农业基本法》,大幅增加了对农业部门投资与贷款预算,农业投资是第1个经济发展五年计划时期的3.8倍,第2个和第3个经济发展五年计划期间,继续加大对农业的投资。二是保护价格政策,自1968年韩国大米实行价格双轨制,即韩国政府高价从农民手中收购大米,之后再低价供给城市居民。三是补贴政策,为了减轻农产品的成本,鼓励农民增加生产投入,常以价格补贴与低息贷款相结合的形式资助农民。四是实行农村城镇化政策和土地政策,加强公共基础设施的建设,鼓励新建住房和发展多种经营等,对成效显著的新农村建设提供贷款支持和各种优惠条件,根本上提升农民的生活质量。限制土地交易投机,稳定土地价格,韩国政府采取一系列措施对土地交易进行控制,如许可制度、汇报制度、合同认可制度、土地交易所得税制度等。

参考文献

[1] 张卫娣. 日本农业现代化的发展经验与借鉴 [J]. 世界农业, 2014（4）: 66-69.

[2] 邢红央. 日本、美国的农业现代化发展及其对中国的启示 [J]. 世界农业, 2012（7）: 32-35.

[3] 邓秀新. 现代农业与农业发展 [J]. 华中农业大学学报（社会科学版）, 2014（1）: 1-4.

[4] 高峰, 赵密霞. 美国、日本、法国农业社会化服务体系的比较 [J]. 世界农业, 2014（4）: 35-39.

[5] 施标. 韩国农业现代化发展的经验与启示 [J]. 上海农业学报, 2013（6）: 142-145.

第五章 小规模农业类国家农业农村现代化实践与经验

[6] 张静.国外农业合作社的金融支持模式及启示[J].世界农业,2014(2):17-21.

[7] 曹占伟.国外发达国家农业现代化发展模式析论[J].经济研究导刊,2013(29):32-33.

[8] 王国华.TPP影响下的日本农业政策走向分析[J].江西农业学报,2013(3):142-145.

[9] 赵媛媛,孙元进,陈大鹏.抚松县农业产业化发展经验和做法[J].吉林农业,2013(5):1.

[10] 殷雪梅.日本六次产业化对农村的影响:以长野县红酒产业的六次化为中心[D].北京:北京外国语大学,2017.

[11] 黄锦龙.日本治理大气污染的主要做法及其启示[J].全球科技经济瞭望,2013(9):65-69,76.

[12] 曹磊,杨丽丽.农机合作社是农业生产现代化的发展方向[J].农业开发与装备,2016(5):7.

[13] 何圣利.农业机械化发展过程中的问题及对策研究[J].科技致富向导,2013(17):142.

[14] 韩冬梅.中国农业农村环境保护政策分析[J].经济研究参考,2013(43):11-18.

[15] 强百发.韩国农业现代化进程研究[D].咸阳:西北农林科技大学,2010.

[16] 程志强.从韩国新村运动看我市新农村建设[J].杭州通讯,2007:40-41.

[17] 朱世桂,王亚鹏.立足国情,特色发展:韩国农业科技体制及启示[J]江苏农业科学,2008(6):6-9.

[18] 许宝芳.韩国农业现代化的进程政府的措施及今后发展方向[J].辽宁经济,1998(9):46-47.

[19] 许宝芳.韩国农业现代化的进程及发展方向[J].侨园,1998(3):46-48.

[20] 黄辉祥,万军.乡村建设:中国问题与韩国经验:基于韩国新村运动的反思性研究[J].社会主义研究,2010(6):86-90.

[21] 马骏.我国当前农村村庄重构过程中利益分割与延续问题研究[D].北京:中央民族大学,2012.

[22] 魏灵.对韩国新村运动实践的评价分析(上)[J].福建农业,2006(4):4-5.

[23] 郭庆方,滕华勇.韩国新农村运动的合作经济机制分析及其启示[J].中国合作经济,2005(2):53-54.

[24] 金英姬.韩国的新村运动[J].当代亚太,2006(6):13-22.

[25] 王曼乐,胡胜德,金钟燮.韩国归农归村实践及对中国的启示[J].世界农业,2017(10):55-57.

[26] 金光春. 韩国"归农·归村"事业对中国"谁来种田的启示"[J]. 世界农业, 2014（10）: 171-176.

[27] 赵文静. 韩国现代农业建设的经验与启示[J]. 经济导刊, 2010（12）: 7.

[28] 徐志全. 韩国是如何"解决"三农问题的[J]. 河北学刊, 2003（4）: 48-50.

第六章 特色农业类国家农业农村现代化实践与经验

以色列、荷兰、瑞典、巴西四国农业发展各具特色。以色列和荷兰国土面积狭小,农业资源禀赋较差,却创造了世界上农业发展的奇迹,成为农业农村现代化的一张"靓丽名片"。以色列在干旱贫瘠的土地上创造了世界资源节约型农业发展的典范,节水农业等技术闻名世界。荷兰在人口稠密资源贫瘠的土地创造极强的农业国际竞争力,成为科技型农业发展的典范。瑞典则是以森林之国打造了世界生态农业的典范。巴西虽然从某种意义上说还在农业农村现代化的进程之中,但其在短短的30年内,实现了从世界粮食进口大国到出口大国的成果转型。这为我国农业现代化进程的发展提供了重要的实践经验。

一、以色列农业农村现代化实践与经验

(一)以色列概况

以色列位于地中海东南角,是亚非欧三洲的重要陆地交通枢纽。以色列在地理形状上是一个南北狭长的国家,东西最宽处约为南北长的1/3。南北地形差异明显,北半部海岸平原、西部山区和约旦河谷依次由北向南分布,南半部则为沙漠地带;气候区域性明显,光照充足、昼夜温差大。以色列气候干燥,雨水稀少,全年无降雨期长达7个多月,降雨仅出现在冬季,降水量由北向南显著降低,以色列用水量的1/3要来自约旦河的地表水、2/3来自地下水。以色列资源环境条件与中国西北地区极为相似,自然资源匮乏、农业资源禀赋条件差、干旱缺水。水成为制约以色列农业发展最核心的因素。

以色列国国土面积为2.21万平方公里,全国2/3的国土面积为山区和沙漠,其中,耕地面积仅占国土面积的14%。全国人口560万人,人均耕地不足1亩,国家全部劳动力约为400万人,农业实际劳动人口约占国家总劳动力的

3%，约为12万人。

以色列先天环境恶劣，生态环境脆弱，极度缺乏水资源，从而导致农业发展举步维艰，但以色列人将通过一系列技术革新和制度改革，将荒芜的"不毛之地"逐步变为实现自给自足的土地，可灌溉土地面积接近21.1万公顷，实现8倍增长，约达可耕地面积的49.5%；400个农业种植区经过连番发展增加至750个。以色列遵循保证先满足内需原则，推动农业种植结构改革，进一步优化。其中，大宗农作物、蔬菜花卉和水果的种植面积分别达21万公顷、6万公顷和7万公顷，占比达到总耕地面积的50.0%、14.0%和16.3%，饲草、甜瓜、油菜等其他作物约占20%。以色列农业的成功应该归功于以下几个主要原因：一是对农业土地使用实行长期租赁制度。租用土地以每个农户5公顷为起步单位，可随经营规模进行扩大。政府对于农户转沙漠土地为农业用地的行为进行奖励支持。二是在国内农业用水程度较高的条件下，实现高度机械化灌溉。通过使用高科技农业灌溉技术，在每亩地耗水量不变情况下，农业产量实现12倍增长。以色列农业灌溉主要采用包括喷灌、滴灌在内的压力灌溉技术，其优势在于每块土地可达到50%～70%的节水量。如今以色列80%的农业灌水区采用压力灌溉技术，水源浪费量可降至5%。三是育种水平高，种子商品现代化。在以色列恶劣的自然条件下，将蔬菜品种培育为适宜当地土地气候、高产高量和降低虫害的水平程度。为打造新型现代蔬菜，以色列农业以生物农业、有机农业作为新发展方向。在进行种子开发的进程中，以色列综合运用多种独特生物技术。为提高蔬菜秧苗脱毒繁殖率，使用新型细胞和组织培养方法；为提高西红柿抗病性和商品性，使用基因工程技术延长保鲜期；为迎合消费市场个性化需求，培育新品种可控制性无籽西瓜。多个优质高产农作物的集合效应，经济效益十分显著。以色列农产品不仅实现国内自给自足，更在国际市场上吸引了欧洲、北美乃至远东市场的消费者。每年以色列向世界市场出口种子达3000万美元。四是农业温室的高效利用。在使用过程中，农户与温室厂商和设计师会取得及时的联系和沟通，各种个性化使用问题都会由生产厂家量身定制提供高效的解决方法。以色列通过压力灌溉技术和农业温室技术为的结合进行"白色革命"，利用先进的科学技术最大化克服恶劣的自然环境，实现现代农业的新兴发展。其中,温室大棚、滴灌系统和计算机控制的现代化栽培技术体系最为独特和发达。温室结构具有非常好的坚固性,在强风天气下也可以很好地保护农作物,除此之外,温室系统对用水、用肥和室内气候的调节与控制都通过计算机系统实现自动化,甚至实现对阳光的自动反射,实现全方位自动化温度湿度气候光感调节控制。以色列将这样的农业温室结构按照每6~8亩进行投放。更新迭代的温室系统先进性也不断提高,新一代系统以6米的高度满足果树和爬篱农作物种植需求。农民们考虑到温室结构较高的投入成本更多用以种植高产值作物。随着技术的不断提高,温室系统也逐渐成为鸡、鱼等家禽和水产的养殖场所。其他国家已经开始进口以色列的温室结构。五是农业技术推广普及率非常高。温室系统技术和滴灌技术的发展进步,与来自众多专业领域的专家包括工程学家、材料学家、机械学家、农学家和提供实践经验的农民的贡献是分不开的。温室和灌溉、施肥、防病治虫等多个生产因素依靠一个计算机调控系统就可以实现集成一体。以色列政府每年支持超过国内生产总值的3.3%,大概1亿美元用以促进农业技术研究推广。在农业技术推广方面,以色列政府支持鼓励技术研究人员以开办私人示范农场的形式充分利用自身的专业优势或者与他人结伴,指导实践的同时扩大宣传推广力度。借助政府和相关部门的扶持,科研人员和推广人员创办企业、推广培训示范基地,实现直观性传播新技术、新品种,提高农业技术推广普及率。六是农业组织模式灵活多样,且受到政府平等对待。以色列的农业经营组织目前有3种形式:基布兹(公有制集体农庄)、莫沙夫(合作社)、莫沙瓦(个体农户)。

(二)以色列国家农业农村现代化历程

以色列现代农业发展历程的3个阶段。

1. 农业现代化初期

20世纪40年代至20世纪60年代中期,以色列农业进行以实现农产品自给自足为主要特征的农业现代化初期。积极开拓荒山荒地,大力开展农业基础设施建设,农产品产量基本能够满足国内需求。

建国初期,以色列在农业重新起步发展上比较坎坷,国家可耕用土地面积狭小，干旱缺水，同时因从邻国涌入大量移民，加剧了粮食供应短缺。为充分克服农业发展中各种不良因素带来的不利影响，立足于保证内需原则，以色列政府进行了一系列的革新，包括积极垦荒、扩大可耕地面积。到1953年，以色列农业耕地面积是1948年的2倍。针对水资源短缺对农业发展的限制与制约，水利事业在政府支持下快速发展，包括供水管道的建设、修葺、维护等。这大幅促进了水资源的循环利用，水资源利用率也有了很大的提高等，使得以色列农业得到了快速发展，农产品产量有了大幅提高，到1965年，粮食基本可以自给自足。

2. 农业现代化快速发展期

20世纪60年代中期至20世纪末，以色列农业进入以先进农业技术运用、农产品大量出口为主要特征的农业现代化快速发展时期。以国际市场为需求导向，以农业科技为依托，积极调整种植结构，逐步实现农产品出口。

20世纪60年代中期，以色列的粮食及其他农产品已经满足内需，与此同时，根据本国农业自然资源禀赋，以色列大力发展节水技术、无土栽培技术、温室技术、光伏发电等农业高新技术，这些高新技术提高农产品产量的同时，大幅提高了农业生产效率。

在此背景下，农产品销售由满足国内生活需求开始转向国际市场。以色列在国际农产品消费市场的需求驱动下调整国内的农业产业结构，增大果蔬、花卉等经济作物种植比重，降低粮食作物的种植比重。此外，国家大量资金及科研项目都积极向经济作物倾斜，促进经济作物新品种开发，产量增加。

3. 农业现代化的深入发展时期

20世纪末至今，以色列农业进入以国家农业开发为主要特征的农业现代化深入发展时期。积极开拓国际市场，大力开展国际合作，充分利用国际资源，继续扩大国家市场份额。

20世纪末期，以色列的农业现代化在完全实现后进入了深入发展阶段，其农产品已经占据一定的国际市场份额，继续进一步占领国际市场，农产品产值利润率最大化成为这个阶段的主要农业发展任务。根据对国际农产品需求变化的研究，以色列以需求指导生产目标，发展以订单农业为主的新型农业生产经营模式。与此同时，以色列政府还着力加强与他国展开农业合作，联合农业开发，通过租赁土地、土地入股的方式参与欧美地区多个国家的农业生产，将国内先进的农业技术在国外进行实践应用，将现代农业发展利益最大化。以色列的农业技术和农产品在世界上都有口皆碑，同时在市场的干预影响下以色列的种植结构也得到了进一步优化。以色列和许多国家建立了农业合作。以中国为例，自1992年中以建交，两国在农业领域开展了广泛的合作交流，如开展中以农业培训，共建中以示范农场等。以色列的农业产业通过与他国农业多样性合作取得了更好更长足的发展，也促进其他国家在交流合作中进行深入学习和借鉴。以色列在开放阶段，农产品出口逐年增长，从1990年的12.89亿美元增长到2012年的24.33亿美元，并且出口货物以农业深加工产品为主，农业原材料的比重在逐年下降。农产品进口额也逐年增加，从1990年的11.97亿元增加到2012年的59.16亿元。农产品进口额与出口额都呈现增加的态势，这说明以色列农业产业结构不断地优化，能够充分运用良好的比较优势生产农产品。

（三）以色列国家农业农村现代化典型经验与特点

1. 依托先进资源节约型农业技术，构建农业创新体系

一是政府出台相关的法律法规政策，保护国家资源，为资源保护提供法律支撑。1959年以色列出台一系列法规，包括《有机农业法》《水法》《水计量法》《水井控制法》《经营许可法》和《土地法》等。以《水法》为例，明确规定：以色列的水资源由国家管理与控制，国家行使公共权力进行水资源的使用；在公民用水配额实行征税筹措，保证平等用水配额，对水资源实行赏罚分明的超罚省奖机制，罚款比率达到3倍多。二是对农业进行财税扶持和优惠，以色列以直接和间接两种方式对农业进行财税扶持：直接投资补贴，包括农业投入补贴、意外灾害补贴等；间接农业资助，包括为增加市场活力而允许并支持出现农业垄断经营、为农业生产基础条件优化而进行土地整改等。

国家对于农业类企业也出台相应扶持优惠条款。1984年以色列政府出台规定，在农业领域内向达到一些必要要求的投资项目提供相应的投资补贴或者减免税额，降低投资负担从而吸引更多投资。同时，每年由国家制定出台国家农业投资指南（包括温室、奶牛养殖等项目），由各地方政府响应指南要求组织专业技术人员承担农业项目；国家在出口和科技含量高的农业项目和其他行业项目的出资比率为3.0：2.4，在出口和科技含量高的农业项目上国家略有偏重；根据以色列税法，农业项目除所得税外其他税种均有相应的优惠，其余的所有行业都有承担所得税等各种税款的义务；同时，对受到自然灾害冲击的农民，除了减免税收还有各种救济款的帮扶；在农产品进口方面，以色列利用高关税及一些特别严格的规定对本国农业发展进行保护。三是多部门联合引导农民对资源的使用。在以色列，国家多个部门对农业方面实行产业链的全程质量控制，对于农药和肥料污染、农业废弃污染物等进行明确规定，并实行严格监督管理，对使用超标与使用不当的行为，将会处以严厉的处罚。同时，国家还通过系列制度建设来引导农民的生产。国家积极宣传推广生态农业、现代化农业和害虫综合防治等先进的耕作管理方法，逐渐降低农业活动对环境的危害。这些积极的措施，以优质先进的现代农业形态为全球农业新型发展塑造了榜样。

2. 建立统一高效的农业科技管理与推广体制，制定一整套激励、鞭策农业科技创新的政策体系

以色列建立了统一高效的农业科技管理体制。对于农业科技推广的管理，一是组建相关专项管理机构，以色列从基层到上层建筑建立起了执行力强而有力的管理机制。国家农业科技管理委员会处于决策层，涵盖各种农业服务组织，农业和农村发展部是其中重要的一部分，除了建立农业首席科学家办公室外，这个部门还有7个专业委员会。全国农业科技管理委员会作为权力中心，拥有决策的权利。农业首席科学家办公室是国家农业科研管理的行政机构，二者相互协助，相互配合。二是捋顺各机构之间关系与流程。农业首席科学家办公室在以色列农业科技管理体制中发挥了承上启下的重要作用。收到项目申请向上级报告，由上级进行立项与审核结项。三是以色列完备了全面的农业技术研发和宣传推广系统。对于国家农业科研与技术开发，技术推广工作进行系统的开展。四是以色列政府为带动农作物改良品种种植和现代化科研技术的推广运用，提供了大量资金支持和补贴扶助，包括低息贷款和对国内农业经济组织的直接补贴，以色列政府为了降低农业活动经营风险还提供了专门针对自然灾害和农产品的出口相关的保险。五是引导资金流向。以色列通过政府组织"有形的手",积极出台政策为生命科学等高科技领域吸引资金,农业也进入风险投资朝向,农业技术创新速度加快。前期政府为了分担私人资本的压力,也主动出资 40% 的资金购买股份,增加创业投资基金的安全系数,防范个人投资的风险。与此同时,以色列政府还成立了一个独立自主的农产品销售组织,负责农产品的采购、生产、加工等全过程,这在某种程度上更有效地控制了农业生产和管理活动多方面的风险。

3. 在两种农业生产组织形式基础上,形成各具特色的农业劳动组织形式与服务体系

一是以色列存在两种形式的农业生产组织:集体农庄、私有农场。集体农庄是集体所有制性质,由内部管理委员会负责制定管理规则,对内部社员的积极主动性有较高的要求;私有农场通常为科学家或专家所开办,具体的现场管理及生产工作由技术人员担任。二是有 3 种各具特点、不同形式的农业劳动组织,即基布兹、莫沙夫和莫沙瓦。基布兹形式属于国有土地,具有集体主义性质,在政府的大力支持和特殊的保护政策下有了很快的发展。基布兹遵循"严进宽出"的管理准则,任何事项都依赖大会投票。莫沙夫的性质是土地国有合作农庄,重点关注个体家庭的作用。莫沙夫获得政府提供必要的政策支持外,还受到政府对它与其他经济组织进行合作的大力支持。莫沙瓦是土地私人所有,拥有自治管理和土地所有权,莫沙瓦形式下创造的总产值占以色列农业总产值的 1/5。

在以色列传统的农业生产积累过程中,基布兹(集体)和莫沙夫(个体)成为以色列最基层的生产单位。伴随着农业现代化产业化转型进程逐步加快,这种运作模式的竞争力过于低下,不能独立支撑农业现代化模式。因此,农业区域合作组织和专业组织一类的支持与服务体系产生成为必然,这些组织是多家基布兹和莫沙夫联合组建而成的,通过为农民提供加工生产农产品、经济作物选种与育种及后期采购销售和市场开发等多项服务,总部设在特拉维夫的全国农产品内销组织有 7000 名职工,为非营利农民组织,在以色列各地有分支单位,该组织的服务范围可覆盖 70% 以上农产品。该组织通过收取一定金额的费用保障日常运转，300名工作人员负责为全国20 000农户提供产品出口服务。以色列农产品出口组织是一个非营利的半官方公司，收取农户5%的管理手续费维持日常开销。这两种形式的组织之外，农户还自主建立了跨地域的行业组织，包括花卉、蔬菜和畜牧等都进行整个行业的协调和生产销售服务。

4. 基于多元化的科研主体，建立多层次的教育培训体系

一是科研主体多样，以色列根据国内农业科研的多个主体的不同任务和职责，由公益性的个体研究机构、高等院校和营利性社会研究机构组成实力雄厚的农业科研体系。公益性研究机构和高等院校重点在于理论性学理性研究和实际操作性研究，私立科研机构则更倾向于研发性研究。以色列的公益性个体科研机构主要包括农业研究组织（ARO）、魏斯曼科学研究院及与农业上下游产业相关的研究机构。ARO是以色列非常有名的政府农业研究机构，设在沃尔坎尼研究中心内，该组织领导组织管理了以色列50%～60%的农业研究计划，具有权威性。政府每年承担其行政资金的50%，农业首席科学家办公室、国际合作基金组织、相关农业生产企业也给予一定的资金支持。二是以色列建立多层次的教育和培训体系。以色列把农业教育摆在非常高的位置上，进入21世纪，以色列45%的人受过高等教育，农业从业人员基本都接受过中等教育。教育带动了农业的飞速发展。以色列犹太人中，接受中等教育的占70%，接受高等教育的占38%，高于经济合作与发展组织（OECD）国家平均水平。20世纪80年代后期，以色列建立了高度发达的社会基本教育体系，构建学习型社会。20世纪末期，以色列通过立法形式加强义务教育，5～18岁儿童或青年可接受免费教育。农业教育方面，以色列建立了全面的、多方面的农民教育培训体系，围绕着以农民为中心建立终身化教育。例如，国家成立了专门的培训机构来从事农业教育，每年都会对农民进行农产品加工、销售、天文气象等方面知识的培训，同时还进行连续的培训，如开办普及技术培训班、网络远程培训等。这些培训手段对农业教育进一步完善、农民思想意识的优化提高和农业现代化成果的推广起到了带动作用。

20世纪中期，以色列的农业教育进入了高度发展的阶段。以色列高度重视农业知识普及工作在基础教育阶段的开展，并根据不同阶段的需要变化制定了

第六章 特色农业类国家农业农村现代化实践与经验

不同阶段的农业教育计划与人才培养方案。同时建立33所农业教育农场作为方案实施开展的基本单位在全国各地开展农业普及工作。除此之外，很多大学设立农业相关专业来保障农业教育的普及性，如以色列理工学院、特拉维夫大学、本－古里安大学。希伯来大学农学院高度重视农业科技人才梯队建设，注重培养学生市场意识和实践意识，注重产学研结合，面对不同层次不同特点的受众，每年会组织多样性的讲授农业技术培训课程。对在培训中遇到的各种问题提出切合实际的解决方案。另外，国家建立的农业推广机构及部分农业企业和社会组织也承担了部分任务，逐步建立起以国家农业推广为中心、以其他的推广机构及企业组织为辅的多种形式全面农业教育体系。这种从国家层面到社会基础层面的多层次、多方位的农业教育对全民有一个很好的普惠性，对以色列农业教育体系是一个很好的补充。

二、荷兰农业农村现代化实践与经验

（一）荷兰概况

荷兰位于欧洲西部，东面与德国为邻，南接比利时，西部和北部濒临北海，地处莱茵河、马斯河和斯凯尔德河三角洲。荷兰地形低平，冬暖夏凉，资源禀赋贫乏，人口密度比中国高出两倍，是欧洲人口密度最大的国家。在如此不利的条件下，荷兰却在花卉、农产品加工等农业领域取得了辉煌的成就，其中乳品、蛋品和肉品等出口位居世界前列。

荷兰是典型人多地少的国家，国土面积达4.15万平方公里，其中，耕地仅1.054万平方公里，草地及牧场面积仅有0.826万平方公里，属于世界上最小的国家之一，沿海有1800多千米长的海坝和岸堤，海岸线长1075千米，荷兰国土的18%是人工填海造出来的。低平是荷兰地形最突出的特点。全境为低地，1/4的土地海拔不到1米，1/4的土地低于海面，因此被誉为"低地之国"，除南部和东部有一些丘陵外，绝大部分地势都很低。南部由莱茵河、马斯河、斯凯尔德河的三角洲连接而成。荷兰的最高点位于瓦尔斯堡山，海拔321米，荷兰地势最低点在鹿特丹附近，为海平面以下6.7米。荷兰总人口1680万，人口密度超过407.5人/平方千米，人均占有耕地面积9.4亩。

荷兰地处北纬51°～54°，受大西洋暖流影响，属温带海洋性气候，冬暖夏凉，荷兰夏季平均气温为16～17℃，冬季平均气温为2～3℃。荷兰的降雨基本均匀分布于四季，年降雨量约为834毫米，适宜大多数作物的生长，且境内河流纵横，主要有莱茵河、马斯河。

荷兰政府针对自然资源条件禀赋不足的国情，充分发展设施农业、强化科技创新、打造精品农业、推行产业化经营模式，培育了独具特色的现代农业发展道路，成为世界第二大农业出口国。一是积极开拓国际市场，从2013年开始荷兰农产品的出口量在逐年增加。2013年出口额首超法国，使荷兰成为世界上第二大出口国；2014年荷兰的出口总额继续增长，其中，农产品占全国出口额的15.8%，在荷兰农业中设施园艺占较大的比重，总产值中设施园艺占39%；2015年荷兰农业出口总产值813亿欧元，其中，花卉、肉类及蔬菜产品产值分别为83亿、76亿及63亿欧元；2017年，荷兰农产品出口创下历史新高，占出口总额的比例达到21.5%，达到917亿欧元，比2016年增长7%，包括89亿欧元的奶蛋、83亿欧元的肉类，以及67亿欧元的蔬果，再加上91亿欧元的相关材料和技术出口，荷兰在2017年始终占据世界第二大出口国的位置。据统计，荷兰的花卉、蔬果出口量居世界第一，乳制品出口居世界第三（仅次于德国和新西兰），动植物油出口排名世界第三（仅次于中国和印度），肉类出口居世界第四（仅次于美国、巴西和德国）。二是选择了畜牧业和种植业并行的发展模式。荷兰的畜牧产业分两种类型，一种为放牧型，主要用来养牛羊，另一种为集约型，主要用于发展养猪及养鸡业。在种植业上，大田作物的面积较广，约1/3的耕地种植玉米、马铃薯及小麦等作物，其产值达农牧业总产值的10.4%；园艺产业主要种植球根类花卉、蔬菜、果树、观赏用灌木和一些盆栽植物，包括露地及温室园艺，虽然园艺业仅占5.7%的耕地面积，但其产值已达总产值的39.5%。三是依托科技创新大力发展先进农业科技，政府充分重视科技创新体系的发展，有19.1%的国家财政投入到了教育及科研领域，其中，农业科研资金又占相当大的比重。目前荷兰形成了"三位一体"的科技创新体系，将农业科研、教育和推广整合，由农业、自然及食品质量部统一管理，极大地方便了科技体系的发展。2008年，荷兰在农业科研中的经费支出为4.11亿美元，明显高于欧洲大国。

（二）荷兰农业农村现代化历程

荷兰农业发展受气候、地形、资源、人口等方面制约严重。一是荷兰处高纬度地区，阳光照射不足，光照时长仅有1484小时，使得平均温度始终保持在8.5~10.9℃，这严重影响着大田作物的种植生长。二是荷兰多为低地，且有24%的国土比海平面低，极容易受到海水泛滥的威胁，不利于农业的发展。三是荷兰作为国土面积最小的国家之一，土地资源受限，拓展农业生产的空间十分有限。荷兰政府针对实际情况，通过政策调整、科技创新等，逐步实现了农业农村现代化，大致可以分为3个时期。

1. 农业现代化探索时期

19世纪后半期至20世纪40年代，农业现代化探索时期。政府加强农业干预和保护力度，农业合作组织的出现推动了农业现代化的发展。

（1）政府干预保证食品供给

在第二次世界大战以后，面对严重的农产品短缺，荷兰政府开始加强对农业的干预和保护，意在保证食品供给。1890年荷兰政府创设德尔菲公司作为农业普及机构，意在对农户的生产进行指导与推广农业技术。政府设置了一个担保基金机构，主要是对向银行借款的农户服务，并提供担保。

（2）自由贸易促进农业国际化

19世纪后半期，荷兰农业进入了严重的衰退期，为应对农业危机，荷兰政府利用自由贸易政策，改善农业生产要素的投入效率和质量，并通过销售方式辅助提高农产品的质量，从而增强农业产品的国际竞争力。随着经济周期的好转，荷兰政府开始建立集约型市场经济，从事贸易、创新和发展，奠定了之后几十年的农业发展基调。

（3）强人的农业技术推广体系加快农业现代化发展

一是19世纪70年代各种农业合作社不断涌现，并得到快速发展。二是19世纪90年代，政府组织农业推广站，聘请专家巡回为农民提供咨询服务，并逐步发展成为一个分布普遍、结构完整、多方互动的大机构。三是民间私有化的各种技术咨询服务组织也不断地加入到推广体系之中，互联网的发展也为农场主获得国内外信息提供了方便。至20世纪40年代末，荷兰农业合作社的数量达到3150个，涉及的行业主要包括信用业、农资采购业、农产品加工业及市场营销等各个领域。

2. 农业现代化调整时期

20世纪50年代至20世纪80年代，农业现代化调整时期。农业结构和生产布局调整，土地集约利用，高效农业的发展，农业产业化升级推进农业现代化进程。

（1）农业结构调整促使主导产业初步形成

一是20世纪50年代，荷兰通过农业结构调整，逐渐形成了以畜牧业和园艺业为主的农业结构。二是20世纪60年代，政府开始改变农业生产结构以适应土地资源短缺的现状，提高一定土地面积上的劳动生产率，促使荷兰农业更加集约化、产业化和机械化。并投入了大量资金，用于根治水患的农田水利工程。三是20世纪70年代，荷兰在全国范围内实行了用资金替代土地，发展高效农业的重要措施。

（2）国家政策为主导产业保驾护航

一是20世纪60年代中期，城镇化的进程逐渐加速，政府为了适应越来越多的农产品需求，开始实行农业结构调整补贴政策，并随着城镇化进行的不断加快，补贴比例也在逐年增加。二是20世纪70年代中期以来，农业生产者接受了《灾害法》法律框架下的一批灾害援助，政府开始针对其他一些因自然灾害引发的农业巨灾事件提供临时性的灾害援助。三是政府经济部设立了农业安全基金，对因受自然灾害遇到困难的农户予以帮助。

（3）科学技术促进主导产业飞速发展

一是农业机械的开发与推广带动了工业结构的变革，进而加快了城镇化进程，两者互为配合，融合推进，共同推进城乡经济一体化发展。二是利用空调、水耕等农业设备发展设施园艺，并逐渐将以花卉为主的园艺产业扩展到了辣椒、番茄等果蔬产业，通过设施化、工厂化、科技化，荷兰农业得到了迅猛发展。三是引进了温室栽培环境控制系统,发展了农业技术,提高了农产品的生产效率和设施农业的稳定性。四是注重良种培育,发展种源产业,为提高农产品的培育的产量及质量,荷兰政府常引进优良品种以提高防病能力。

3. 农业现代化深化时期

20 世纪 80 年代至 21 世纪,农业现代化深化时期。农业规模化发展、农业知识创新体系的改革与三螺旋模式、生产经营现代化管理为荷兰农业现代化发展保驾护航。

(1) 欧盟流通领域改革引发的农业规模化初步发展

20 世纪 80 年代以前,荷兰农业由家庭经营的小型农户居多,随着 20 世纪 90 年代中期欧盟流通领域改革,零售市场虽有限却拥有巨大的购买能力,使得较多供需结合的产地批发市场消失,而以向大零售商交易的批发商产品销售增加。所以农场为适应大零售商而不断合并,数量减少,规模增加,使得规模效益也在不断增加。1999 年,荷兰农场数量减少到 10.2 万家,远低于 1980 年的 14.5 万家,而农产品净出口额从 1980 年的 44 亿多美元上升到 1999 年的 142 亿多美元,居世界第一。

(2) 农业知识创新体系的改革与三螺旋模式的建立

1997 年,荷兰对农业知识创新体系进行了改革,将应用研究、战略研究和基础研究合并,形成完备的农业创新体系,来提高荷兰在国际上的竞争力,构建了研究、推广和教育 3 个部分相结合的农业知识创新系统,即广为人知的三螺旋模式,集结了政府、企业与高等院校三方力量的合作模式。政府在其中发挥了两个重要的作用:一是大力投资教育,提高农业从业人员的技术和科研水平;二是将先进的农业知识和技能输送给农民,促进农业生产力的不断提升。

(3) 农业法人助推农业现代化发展

21 世纪,农业法人主导的生产经营现代化获得发展,以此来适应荷兰农业的规模化。生产环节,荷兰引进了环境控制系统,将现代化生产应用于设施栽培环节;物流环节,农业法人利用机械化操作进行筛选、包装和运输等,大大地降低了人力劳动成本。农业法人为获得更高的利益,还会选择高收益产品投放资源。

(三) 荷兰农业农村现代化典型经验与特点

荷兰是一个人口稠密的资源贫瘠小国,是科技型农业的典范,设施农业发达,园艺产业世界竞争力强,花卉年生产量居世界首位。

1. 发展设施农业,突破资源瓶颈,显著提高农业劳动生产率

荷兰大力发展以玻璃温室为特色的设施农业,极大地缓解了资源环境对农业生产的不利约束。通过应用太阳能发电等技术,追求温室的绿色、低能耗和多功能,关注设施农业的可持续发展,使设施农业成为一个集农业生产、能量供应、科普教育和休闲旅游为一体的综合产业。

一是拥有世界领先的玻璃温室技术,建立起世界一流的设施农业系统,玻璃温室优势明显,不仅极大地减轻了温室材料的重量,而且显著提高了透光率及抗风耐压性能,大幅降低了能源消耗,提高了生产效率,例如,一株普通番茄在玻璃温室中可产30~40千克。据统计,荷兰拥有世界上1/4的温室面积,约1.1万公顷,每天可出口大约170万盆花和1700万鲜切花,每年的切花产值已达20亿欧元,先进的设施农业使荷兰摆脱了土地、阳光等资源短缺的劣势成为农业出口大国。

二是为解决土地资源短缺的问题,政府积极地扶持家庭农场等农业组织,提高农业主体的活力,这也为增强荷兰农业的宏观竞争力提供了基础。

三是针对人均土地资源非常有限的问题,大力发展规模化农业。荷兰农场的经济规模单位(ESU)达到100~250 ESU,位于欧盟定义的9级ESU中的第8级~第9级,2010年农场总资产达214万欧元,净增值约10万欧元,就单个农场来说,平均年收入已有5.6万欧元。以设施园艺农场的规模经营(不含露地栽培和牧场)为例,单个农场的平均面积为3公顷,且也有一些大型农场的面积超过10公顷。虽然荷兰国土资源有限,但通过扩大农场的经营规模,劳动生产率得到了显著提高。2012年,13%的农场面积产值达到了总产值的65%,荷兰单个农场的平均年收入是欧洲的5倍。

2. 开发农业人力资源，加强科技创新能力，建立高效运行的农业科技创新体系

科技创新体系是荷兰提高国际竞争优势的有效途径。荷兰拥有著名的"OVO 三位一体"的科技创新体系，包括农业科研、教育和推广系统，"OVO"体系为荷兰的一体化经营提供了保障，促进了荷兰农业的快速发展。

一是科技研发方面，荷兰成立了全新的农业科教中心，形成了设备完善的国家级农业研究网络。科教中心是整个荷兰农业创新体系的源泉，科研院所、学校负责农业发展的基础性工作及战略研究；科教中心下属的研究所、试验农场和试验站负责应用性的开发研究；实用技术研究所（TNO）、甜菜研究所（IRS）和荷兰肥料研究所（NMI）等企业科研机构，也是应用研究工作的重要力量。农业育种上，首先荷兰会利用优质的农业种子资源进行杂交培育工作，然后会根据培育结果选出具有优良性状的种苗，并将其培育成适宜在当地种植的品系；农业栽培上，荷兰拥有严格的农业栽培流程，首先会根据不同的品系进行编号，然后挑选符合市场需求的优良品系，并且对新品种命名、申请专利及推广种植；农业种植上，荷兰利用设施农业的先进技术及水肥技术，使新品种每亩产值成倍增长，提高了农业生产效率；农业流通上，荷兰依托发达的拍卖系统，利用成熟的物联网技术，做到了快速物流的服务，保证鲜花可一天内到达交易地，满足了鲜花的时间特性。

二是科研推广方面，政府、农协、合作社协作进行农业科技推广，是荷兰农业科研衔接系统的基本特点。政府为了提高农业在国际上的核心竞争力，根据不同区域的发展特色配置了与之对应的技术推广员，有针对性地提高农业技术。此外，在荷兰的技术推广体系中，私人推广机构（如农业商业公司、农业银行等）也会聘请技术推广员提供农业服务。

三是高素质农民，荷兰特殊的教育体系使得多数人或多或少都接受过专业的农业教育，使得荷兰拥有大批有知识、懂经营的高素质农民。他们不仅掌握着农业生产经营的科学知识，而且还可以熟练使用各类农业机械。此外，农民还会参加各种农业培训，政府、科研机构等组织会定期开展农业技术培训，约500 名专业技术员开办各种培训课程，时刻更新农民的知识体系。

3. 发展精细化农业，打造精品产业，建立高效联动产业链推动产业发展

荷兰作为一个比较典型的人多地少、农业资源贫乏的欧洲小国，全年光照时间不足，光热条件缺乏，但是地势平坦，降水充足，水淤沙土适宜牧草生长，发展畜牧条件较好。采用现代化科学技术，发展精细化农业，促进畜牧业、蔬菜花卉和园艺业壮大，广泛应用机械化生产，注重产品质量，建成集生产资料供应、农产品生产、加工、储运、销售等环节为一体的农业产业链。

在花卉产业方面，一是发挥花卉产业的核心优势，采取了精品化的产业发展战略。在打造花卉产业过程中，进行了创意性的开发，例如，每年举办的"郁金香节"、主题公园及花卉创意产业的开发都会吸引全世界数以百万的游客前来参观，进而大幅提升了荷兰旅游业和农业附加值。二是重视花卉产业的质量监控。通过健全质量监控机构、制定严格质量标准、实行质量认证制度和产品质量信誉认可等措施来确保花卉产品的质量。荷兰还通过激烈的市场竞争来提高花卉生产企业的质量意识，各花卉生产商进入拍卖市场就受到市场的控制。花商也不断地提升冷藏供应链，以确保产品质量。荷兰通过采取严格的质量保障措施，确保了花卉产品在全球激烈的市场竞争中始终处于不败之地。三是完善健全、快捷、高效的花卉流通体系。目前，荷兰拥有较发达的流通体系，其中包括1.4万多家零售店、近800家批发企业和七大拍卖市场。荷兰还在市场的附近建立了农产品和食品中转站，不仅能够保证货源供应充沛，而且能够做到运输配送合理。快捷、高效的花卉流通体系是推动荷兰花卉业健康发展的保障，并且电子化交易市场等新的物流体系也正在形成。四是荷兰花卉产业链完整。花卉育种、育苗、生产、分级、保鲜、包装、销售和运输各环节相互作用、高效联动，为荷兰农业产业体系提供了强大的保障。

在畜牧业方面，一是乳业的纵向产业联系紧密，组织化程度高。奶农参股乳业合作社，乳业合作社再参股乳制品加工企业，使三者形成一个利益链条，保证了奶农的利益和企业的长远发展。二是政府推动具有相同市场地位的奶农形成了一个巨大的专业群体，在乳业发展过程中建立了一套独特的生产和流通模式，加快了乳业专业化、规模化进程，使乳业达到了非常高的组织化程度。三是质量管理体系完善。乳业产业链每个环节都有严格质量监督标准，第三方检测和评估制度确保了标准的落实，保障了乳制品的质量安全。

4. 推行多种农业产业化的基本经营模式，发展订单农业，实现农户与市场的高效衔接，维护农民利益

一是市场与农户对接模式。市场又分为拍卖市场和超级市场两种，其中，农户与"拍卖市场"的对接在荷兰农业产业化经营模式中占据着极其重要的地位，市场和农户的对接可使农业供给与需求双方掌握相对对等的农业信息，再加上较公平的拍卖手段，可以得到相对合理的农产品价格，这样不仅可以使农户取得最大化的利益，而且在一定程度上保证了供求平衡，资源配置更加优化。

二是合作社与农户对接模式。荷兰合作社数量众多且采用多重会员制是合作社与农户对接模式广泛存在的基础，农户可同时加入多个合作社，且合作社进行民主管理，其生产经营活动完全基于农户协议，不受政府的控制和干预。合作社广泛渗透于荷兰农业产业的多个环节，包括资料供给、生产、加工、销售和信贷等多领域，并且通过技术交流增强了农户和合作社间的联系，这种对接模式有利于荷兰农业发展一体化经营。

三是企业与农户对接模式。这种对接模式是指进行农产品加工的企业和农户直接对接，将农户的农产品生产、销售和企业的农产品加工等环节向连接，形成一体化的经营，但因在荷兰拍卖市场较活跃，所以企业与农户对接并不是主要模式。而订单农业作为企业和农户对接的载体，属于荷兰农业的特色，订单农业是企业或中介组织等与农户签订的农产品订购合同。合同中会详细规定农产品的质量、数量及价格等，此合同会在农业生产之前签订，这在较大程度上避免了因市场变化等带来的价格冲击，也能较大地保证农户和企业双方的利益，并充分保障了像成本较高、风险较大的园艺产业的发展。

三、瑞典农业农村现代化实践与经验

（一）瑞典概况

瑞典，全称瑞典王国，是一个位于斯堪的纳维亚半岛的国家，北欧五国之一，首都为斯德哥尔摩。它西邻挪威，东北与芬兰接壤，西南濒临斯卡格拉克海峡和卡特加特海峡，东边为波罗的海与波的尼亚湾。瑞典与丹麦、德国、波兰、俄罗斯、立陶宛、拉脱维亚和爱沙尼亚隔海相望，是北欧最大的国家。瑞典地形狭长，地势自西北向东南倾斜。北部为诺尔兰高原，南部及沿海多为平原或丘陵。

瑞典全国总面积44.74万平方公里，其中，耕地面积264.83万公顷，占国土面积的6%，农产品自给率达80%以上，所产各类食品除满足本国需要外，还可供出口。粮食、肉类、蛋和奶制品自给有余，蔬菜、水果主要靠进口。国土面积一半以上为森林所覆盖，境内大小湖泊近10万个。大约55万公顷的面积为牧场，占整个国土面积的1.5%。瑞典总人口约911.94万人，全国90%的人口集中在南部和中部地区，马尔默胡斯省人口密度每平方公里达151人，而耶姆特兰省每平方公里只有3人。导致人口分布不均的主要原因是人口的城市化和自然地理条件的影响，在高海拔和高纬度地区，人烟稀少。

瑞典靠近海洋地区受大西洋暖流影响，冬季温和多雨；气候以温带大陆性气候为主，大部分地区属亚寒带针叶林气候，最南部属温带落叶阔叶林气候。

瑞典农业较发达，南北部生产差异明显。瑞典的主要农作物是小麦、大麦、燕麦和林业产品。瑞典在发展生态农业和生态食品方面，处于世界领先地位。经营生态农业的农户，在全国已超过3%，他们拥有耕地5万余公顷，占全国耕地的1.6%，按生态要求饲养的禽畜约占1%。瑞典全国现有350家工厂加工生产各类生态食品。

（二）瑞典农业农村现代化历程

瑞典作为一个自然条件并不适宜农业发展的国家，历经100多年的发展之后，已经从一个贫困的农业国转变成世界上生态农业发展水平最高的国家之一。瑞典现代农业的发展历程从18世纪末至今可以分为3个阶段。

1. 农业现代化发展初期

18世纪末至19世纪70年代，以土地重组、政策开放为主要特征的农业现代化发展初期。1809年宪法使瑞典农民几乎完全获得了土地所有权，自由农民开始出现，经济政策开始放开，为农业现代化提供了良好的土地基础。

第六章 特色农业类国家农业农村现代化实践与经验

（1）土地重组促使农民获得土地耕种权

一是政府积极推进改革，废除村庄条地耕作制，消除了贵族和国王的部分特权，努力实施土地重组，农民拥有了土地。二是通过恩希夫特制度将公地和荒地分配给村民。1757年，瑞典出现了所谓的"斯托尔希夫特"制（瑞典语Storskifte的音译，意为"大变革"），即容许个体农户对小块土地进行整合。1783年《测量法》出台，提出个体农户可以满足巩固其地产要求。三是圈地运动，分散土地的集中提高了土地耕作的效率。圈地问题在瑞典的第一次提出是在1746年政府测量局局长雅各布·弗葛特（Jacob Frggot）的《瑞典农业的障碍及其纠正办法》。瑞典在1803年和1807年通过颁布《圈地法》详细规定和解释了圈地的办法。圈地不仅导致独立的生产者的出现，还提高了农场土地精耕细作的程度，提高了利用率。同时，圈地还对农场上村庄的搬迁产生了直接的影响，成为分化传统农村生活方式和经济的一种重要因素，也侧面促进了农民社区的重建。

（2）经济贸易政策放开，促进农业经济的发展

在经贸政策方面，瑞典采取了与土地所有权改革相一致的路径，取消各种限制经济发展的不利条件。一是对使用原材料、半成品、成品权利取消限制。二是各种行业限制放开。1846年，行会制度得到废除，19世纪60年代，限制对贸易和职业准入的相关规定得到废除。三是接近自由贸易化政策。

2. 农业现代化快速发展时期

19世纪70年代至20世纪70年代，以外向型农业为主要特征的农业现代化快速发展时期。以欧洲核心国家工业革命为契机，针对产生的巨大农产品进口需求，大力发展外向型农业，积累了农业现代化发展基础。

一是抓住欧洲核心国家对粮食与生产资料的需求，促进粮食出口。1820—1880年，欧洲核心国家相继完成工业革命，进口粮食和生产资料的需求比较旺盛，对邻近的边缘国家也起了带动作用，供需之间产生的巨大拉力带动了落后的边缘地区经济发展，一方面为这些国家出口生产资料提供机会，另一方面也导致这些国家发展出现一种扭曲的和单方面的补偿性经济或出口导向型的经济取向。尽管根据西方的标准，瑞典工业化相对较为延迟，但由于在北欧国家中

瑞典资源相对富裕，同时拥有古老的工业传统，因此，瑞典能够根据其他核心国家的需求变化而发生快速的变化。

二是加工商品的出口是瑞典农业现代化的开始，其他工业倚靠这些产品出口获得的资本积累开始逐渐发展，从而实现工业化。从19世纪50年代开始，蒸汽机的使用、铁路运输的进步、工人流动性的增加及新技术的平民化使用，都有力支持了木材和制铁工业的发展，这也恰恰满足了率先工业化的核心国家尤其是英国对木材加工产品和铁制品的需求，从而为瑞典提供了直接的动力带动木材和制铁工业的发展。

三是借助木材加工业，大力发展农业。19世纪中叶后，瑞典的木材加工业取得了飞速的发展。1950年，瑞典木材加工业下的木材和木材制品出口占瑞典总出口的34%，在20世纪60年代实现44%，直到19世纪末20世纪初，这一比例仍然没有减少。随着木材加工水平的提高，瑞典的木材加工业范围逐步扩展。

3. 农业现代化可持续发展时期

20世纪80年代至今，以生态农业为主要特征的农业现代化可持续发展时期。通过农业改革，瑞典将传统农业体系转变成以市场为主导的新型农业体系，通过加入欧盟这一机遇全面推进了生态农业发展。

一是重视有机食品生产，1985年全国代替型农业生产协会成立，并迅速设立瑞典有机食品认证中心（KRAV），提高了瑞典人民对于有机食品的信任度。1991年7月，瑞典开始实施农业改革，将传统农业体系转变成以市场为主导的新型有机农业体系。

二是开展有机食品认证，1995年1月，瑞典正式加入欧盟，根据欧盟国家统一的农业政策在全国范围内开始推广实行，有机食品的认证要求与欧盟接轨，认证中心制定了19章规定，有些要求甚至比欧盟的还要严格。这时农业委员会与瑞典生态农业生产者协会、瑞典有机食品认证中心发起了以"到2000年实现有机农业占耕地总面积10%"为目标的"2000行动计划"。在欧盟的支持下，"2000行动计划"顺利实施，瑞典有机农业高速发展。

三是实施绿色农业发展，1999年1月1日颁布实施《农业环保法》，规定包括农业活动对农药、肥料和水的使用要求,并且强调了政府监督,瑞典所有的农业活动都必须遵循新的环保法规定。2001年,瑞典政府针对有机农产品瓶颈问题对瑞典农业科学大学提供资金支持,用于启动 Ekoforsk 项目来解决相关问题。在2010年的消费者调查数据中显示,在瑞典 KRAV 的普及度已经达到99%,成为消费者最为信任的食品标志。有机耕作面积也已经达到了全国耕地总面积的20%。

四是形成"公司+农户"的产业化运行方式,解决了农产品销路和农民利润最大化的问题。到1996年,瑞典已经有80个成员合作社、100个附属公司、38万个社员。

(三)瑞典农业农村现代化典型经验与特点

1. 综合运用法律法规和政府补贴税收政策,全面推进清洁资源利用

瑞典目标成为国际领先促进生态平衡实现可持续发展的国家,其官方的决策中都体现出国家的环境保护意识,这种意识也影响到国家农业生产之中。

一是制定农业生态环境保护的法律法规。瑞典政府高度重视对农业生态环境保护的立法工作,1969年瑞典实行环境保护法规,1980年、1999年相继出台了15个单项的环境法规、《农业环保法》,《农业环保法》从国家角度的环境质量标准制定到具体详尽规则和瑞典人独特的共有权都进行了全面考虑,包含多个方面。瑞典现在所有农业活动都必须严格遵循新的环保法规定。

二是采取统一高效的农业生态环境保护税征收政策。在瑞典,对于使用农药、化肥等会造成环境污染的农业生产活动,都必须进行征税或收费。近些年国家农业生产中使用的农药和化肥量大大降低,这和税收、法规和社会需求的共同作用是离不开的。

三是注重"三废"的处理与再利用。瑞典发展现代工业与处理"三废"问题都没有偏废,在欧洲工业国家中,瑞典"三废"处理技术和设备居于首位。对于城市废水的排放处理问题,中央和地方政府分别投入巨资进行综合处理,使其符合排放标准。瑞典作为生物质成型燃料利用的先锋国家,以农业废弃物、林业三剩物为原料,制成可在生物质能锅炉中直接燃烧的新型清洁燃料,已经被国际认可。同时，瑞典政府也鼓励沼气的生产利用，并提供相应的减免政策。2008—2010年，瑞典政府为支持风力发电项目规划，提供3000万克朗的特别资金支持，同时建立以瑞典能源署为中心的国家风力发电体系。新能源在瑞典的应用非常广泛，很大程度上避免了石油依赖，二氧化碳排放减少显著，瑞典的生态环境得到很大提升，保障了生态农业的发展和人民的健康。

2. 采用循环农业发展方式，实施无污染饲养管理体系及无公害的兽医卫生体系

畜牧业是瑞典农业结构不可或缺的一部分，贡献非常显著，产值占比较高，占到农业总产值的80%以上。

一是实施种养结合发展农业循环经济，大力发展特色农业、精品农业和外向型农业，实行稻草→肉牛（生猪）→粪肥→水田→水稻→稻草模式，既可以改良土壤、提高地力，还能助推绿色有机水稻和牛肉等高品质农产品生产。

二是建立无污染饲养管理体系。在"全进全出"的生产方法中，瑞典养殖业为了降低饲用抗生素药物的使用量，必须高度重视疾病的早期预防、早期检测和迅速治疗工作，为了减少疾病的传播，动物通常分批次、分阶段、分组饲养，并按动物年龄分开，避免疾病的交叉感染。严禁用垃圾场废弃物喂养动物。

三是无公害的兽医卫生体系。瑞典对于养殖饲料管理非常严格，严禁使用、严厉查处违禁药物作饲料添加剂，并全面禁止饲用抗生素。为了配合上述政策的实施，指导养殖户科学喂养，瑞典建立了完善的兽医卫生体系。虽然瑞典完全禁止饲用抗生素，但并非具有绝对性，在预防和治疗使用时给予必要的剂量。兽医有权监督、检查和使用及处理抗生素，技术经理有一定的诊断和药物治疗的权利，但是必须按照处方进行购买所需药物。兽医必须获得瑞典农业部的资格并由动物保健组织管理，《瑞典兽医使用规范》详细规定了饲用抗生素的使用剂量，这也是兽医必须遵循的行为准则。

3. 全面推进有机食品认证，推动生态有机农业快速发展

从1972年瑞典加入国际有机农业运动联盟到今天，短短47年时间，瑞典的生态有机农业发展水平已经居于世界领先地位。在国民需求的刺激、政府的支持和健全严谨的生态食品认证体系的保证下，瑞典成为世界上生态农业发展水平最高的国家之一。1988年该国有1800户农民从传统农业开始转向生态农业，生态农业占地总计增加至5万多公顷，约占全国耕地总面积的2%；到2011年已增长至38万公顷，占全国耕地面积的15.7%。

一是加强政府监督。从1990年起，经营生态农业的农民按他们与国家签订的协议，接受严格监督。凡生产有机作物的土地，几乎全是手工作业；播种用火，不用化肥农药，最大限度保障土壤理化系统。

二是加强对有机农业的政府补贴力度。20世纪90年代初，瑞典政府实行有机农业财政补贴，1781个农场是第一批。政府要求这些农场的面积不小于2公顷，而且必须遵循瑞典农业事务管理局的要求来进行有机生产，并且给予相应的补贴。

三是成立有机农业协会。1972年瑞典和英国、南非、美国和法国建立了国际有机农业运动联盟（IFOAM）。在短短数年时间内，生物动力协会、有机生物学协会，甚至消费者协会都通过实际行动和政策相继支持了有机农业的发展。然而，大多数合作社一直不愿意接受并转变为有机农业生产轨道，因为他们害怕有机农产品对传统农产品有巨大的冲击。20世纪80年代有机马铃薯和蔬菜农场主的联合事件进一步加速了有机农产品市场的扩大化。

四是有机食品认证中心（KRAV）将瑞典有机农业带入了品牌时代。20世纪80年代，瑞典种植有机农产品的农场面积实现了跨越式增长，从1972年瑞典加入国际有机农业运动联盟到今天，仅仅47年时间，瑞典的生态有机农业发展水平已经居于世界领先地位。在国民需求的刺激、政府的支持和健全严谨的生态食品认证体系的保证下，瑞典已成为世界上生态农业发展水平最高的国家之一。在瑞典，99%的消费者都知道生态食品KRAV的含义，而带有KRAV标志的食品虽然价格比普通食品高，但仍然时常出现供不应求的局面。越来越多的农场自发进行生态农场的改革，生态农场的规模已经由1988年的5万公顷增加到了现在的近50万公顷。到2010年年末，已经获得认证的有机耕地就已经达到33万公顷，另外还有10.9万公顷的有机耕地尚未获得认证。带有瑞典有机食品认证中心KRAV标志的产品更是获得了全民的认可。KRAV对生态食品的验证，贯穿了"从土地到餐桌"的全过程，从生产过程中化学农药、肥料、兽药、饲料添加剂使用的限制，原产地的生态环境，到产品的加工、包装、储藏、运输及销售等方面都做了一系列的标准。正是这样的高要求、严标准，才使得生态食品在高价格的情况下仍能供不应求。生态农业的发展使得瑞典的国民食品安全和国内生态环境得以保障，继而实现可持续发展。

四、巴西农业农村现代化实践与经验

（一）巴西概况

巴西位于南美洲东南部，地跨西经 35°～74°，北纬 5°至南纬 35°，与乌拉圭、阿根廷、巴拉圭、玻利维亚、秘鲁、哥伦比亚、委内瑞拉、圭亚那、苏里南、法属圭亚那 10 国接壤。巴西大部分地区位于赤道线与南回归线之间，气候以热带为主。

巴西国土面积为 851.49 万平方公里，居世界第五，是南美洲最大的国家。巴西人口众多，人口总数超过 2 亿，城市化程度很高，全国约 84% 的人口生活在城市，农业人口占比较小；巴西耕地面积为 8000 万公顷，人均耕地面积 0.39 公顷。

巴西气候多样，农业呈多元化发展，适合生产温带和热带产品。巴西南部和中西部地区降水量大、土壤肥沃、基础设施发达，投入品使用量大、农业技术先进，是巴西粮食的主要产区。巴西中部拥有大量退化草地，蕴藏着发展种植业的潜力。东北和亚马孙河流域地区降水和良田分布不均，基础设施和资本市场仍落后于南部和中西部地区。此外，中西部和亚马孙地区以畜牧生产为主，热带园艺产品的产量和出口量都在增加。

巴西是农牧业大国，自然资源优厚，农业在其经济发展中占据举足轻重的地位。巴西以国土面积、可耕地资源、气候特点等优势及世界对农产品需求增长为依据，确定了"以农立国"的可持续发展战略。巴西显著的资源禀赋和巨大的生产潜力，以及使用新技术和机械化大大提高了其农业生产效率，使其在短短 30 多年内从一个粮食进口国成为享有"21 世纪的世界粮仓"誉称的农业出口大国。

巴西是转基因作物种植大国。从 2009 年开始,巴西成为全球第二大转基因作物种植国家。根据国际农业生物技术应用服务组织(ISAAA)统计,巴西 2016 年的转基因作物种植面积达到 4910 万公顷,占全球种植面积的 27%,比 2015 年的 4420 万公顷增加了 11%,增加 490 万公顷。巴西种植的转基因作物包括 3270 万公顷转基因大豆、1570 万公顷转基因玉米(夏季玉米和冬季玉米)及 80 万公顷转基因棉花。其中,转基因作物应用率为 93.4%,比 2015 年的 90.7% 提高了 2.7%。

(二)巴西农业农村现代化历程

1. 19 世纪 20 年代至 20 世纪初,巴西实现独立,土地集中趋势加强,农村自由劳动者大量增加,实行以农产品出口为导向、单一生产初级产品等制度

1825 年成立巴西帝国,结束了殖民地制度,废除了奴隶制度,农业发展和传统农村社会也发生了较大变化,农业发展开始进入由传统农业向现代资本主义过渡的阶段。巴西向农业现代化过渡采用以农产品出口为中心的发展模式,得益于世界市场的推动使其出口农产品生产迅速扩张,出口农业部门的生产规模和生产方式发生了明显变化,并推动了早期工业化的发展。具体表现如下。

一是大地产制进一步加强。1842 年,巴西颁布法律对土地所有权进行控制和规范化,包括对先前分地予以重新确认,公地所有权予以合法化,使得土地集中趋势进一步加强。二是开拓农业用地。奴隶制废除后国外移民不断增加,巴西人口增长,为缓解土地压力,巴西开始开发边际土地,大大地扩展了国家的农业边疆。三是农村社会出现阶级分化。1870 年前后,巴西农业生产主体包括大庄园主、独立农户、印第安村社农民、大庄园的佃户或雇工和传统的手工业者,1870 年以后,"自由劳动者"阶层大量增加。四是咖啡种植成为巴西经济新的支柱和新的经济增长点。巴西咖啡出口逐年上升,1820—1840 年,巴西咖啡产量增长 206%,基本满足了国际市场对咖啡的需求。咖啡业的发展为 19 世纪巴西经济的发展积累了资本,但也使巴西成为单一初级产品生产的国家,使其更加依赖于国际市场。

2. 20 世纪初至 20 世纪 70 年代，巴西实施"进口替代工业化"战略和重工抑农政策，遭遇粮食危机并出台系列应对举措，同时农村出现新的阶级分化并获得外国资本青睐

20 世纪初，巴西在政治上开始从农业寡头统治向资产阶级统治过渡；在经济上，由农业经济向工业现代化过渡。巴西工业化源于咖啡种植业的发展，农业为巴西工业化的发展做出了重要贡献，主要表现在外汇贡献、基础设施贡献及工业品消费市场贡献等方面。在工业化过程中，为了快速积累资金，开始实施面向国内市场的"进口替代工业化"战略，制造业部门获得较快发展，创造了举世瞩目的"巴西奇迹"。

在此期间，农业和农村发展也面临新的问题和新变化，主要表现如下。

一是财政投入优先分配工业领域，在农业领域投入少。在重工抑农政策下，尽管农产品出口为巴西带来了源源不断的外汇，但是这些外汇收入并没有用于农业再投资，而是被投向当时处于优先地位的工业领域，在财政投入分配上农业所占份额很少。由于长期缺乏投资和技术革新，农业生产效率低下，农业产量不是通过提高生产效率，而是通过"扩大农业边疆"的道路来维持的。二是农业结构发展不平衡，遭遇粮食供应危机。由于在工业化发展中需要大量资金支持，于是巴西在农业发展中尤其注重了如咖啡、大豆、甘蔗、柑橘等在世界市场上具有很强竞争力的出口产品的发展。比较而言，国外市场需求旺盛的产品，其生产效率越高，相反，主要供国内消费的粮食生产却每况愈下，从而导致曾享有"世界面包篮"美誉的巴西出现了进口粮食的尴尬局面。三是出台一系列举措，调控农业生产和提高农业生产力。巴西于 1965 年推出了国家农村信贷项目以支持现代化投入设施和设备的供给。同时也针对各类农产品推行了其他重要的支持政策，例如，实行最低价格保证政策，调控农产品库存数量和提高农产品商业化。20 世纪 70 年代末，巴西政府出台了一系列举措以应对粮食供应危机，包括推出了农村保险项目（PROAGRO）、建立了巴西农业研究公司（Embrapa）、构建了巴西国家农业研究体系（SNPA）等。上述政策与措施的实施不仅提高了巴西农业研发能力和生产力，而且使资源分配更加合理，产品质量得到了提升。四是农村出现新的阶级分化，外国资本进一步渗透。在农

第六章 特色农业类国家农业农村现代化实践与经验

业生产结构上，巴西的农业由大庄园和小农制并存的双重结构，逐步被各种规模的商业农场为主体的现代农业企业和为农场服务的个体小生产等所替代。外国资本广泛深入农村，创办以出口产品为主的专业化农场，对先进的管理和新科技的应用及巴西农业现代化都起到了强大的推动作用。

3. 20 世纪 80 年代至今，巴西通过农业深化改革促进了资源再分配和农业及相关产业的结构调整，启动"零饥饿"计划实现农村减贫，其农业的快速增长使巴西成为全球农业生产和出口大国

20 世纪 80 年代以后，在新自由主义理论的指导下，巴西对经济进行调整，减少了国家对经济的干预和推行私有化。在此背景下，巴西农业现代化的进程得到进一步深入发展，具体表现如下。

一是深化经济改革，促使农业资源重新配置。20 世纪 90 年代，巴西放弃进口替代战略使巴西贸易量扩大，汇率和国内市场实现了自由化。农业作为整体改革的一部分，贸易政策实现了自由化，逐渐使农业资源重新配置到巴西具有比较优势的活动上，并能够发掘世界市场的潜力。同时，农场结构经历了重大变革，效率低下的生产者退出农业，大型农场得以发展。二是启动"零饥饿"计划，关注农村脱贫与发展。2003 年，巴西启动了"零饥饿"计划，通过协调宏观经济、社会和农业政策，将粮食安全及弱势群体参与社会和经济发展作为工作的重点。该计划把贫困家庭分为两种：一是赤贫家庭，指人均月收入低于 50 雷亚尔的家庭；二是贫困家庭，指人均月收入在 50～100 雷亚尔的家庭。2006 年，"零饥饿"计划成为政府制定的粮食和营养安全政策和核心。2011 年通过的"巴西根除赤贫战略"以"零饥饿"计划所取得的成功为基础，重点关注赤贫问题。在"零饥饿"计划下，巴西家庭农业和弱势群体获得稳步发展。通过"零饥饿"计划的实施，2003—2009 年，500 多万农村人口脱贫，贫困发生率从 45% 下降至 28%。三是农业快速发展，成为重要的农业生产和出口大国。巴西农业生产总值超过为 1500 亿美元，居全球第 4 位，并自 2010 年以后，谷物基本满足自给。此外，巴西在全球农业贸易中占据重要位置，农业贸易增幅显著。2016 年，巴西农产品出口贸易额近 770 亿美元，仅次于美国、荷兰与德国，居全球第 4 位，主要出口农产品包括大豆、糖类、肉类和咖啡等。

（三）巴西农业农村现代化典型经验与特点

20世纪70年代末，巴西曾遭遇粮食供应危机，并引发食品价格上涨、供给不足和社会动荡等问题。经过30年左右的发展，巴西农业形成了独具特色的发展模式并取得了巨大进步，使其从一个粮食进口国成为农业出口大国。其成功因素众多，主要涉及农业生产力提高、科技投入与制度创新、农业政策支持等方面，具体体现如下。

1. 以任务为导向的巴西农牧研究院（Embrapa）创新模式，是保障巴西实现农业成功的主要因素之一

作为应对粮食短缺而建立的Embrapa是巴西国家农业研发创新体系的主力军，促进了巴西的农业科技研发和技术转移，并帮助巴西发展成为全球重要的粮食出口国。Embrapa是由农业食品供应部管理的半联邦机构，在全国成立了40家研究中心，具有庞大的员工数量和研发经费，是拉丁美洲地区最大的农业研发机构。Embrapa为巴西农业发展提供了综合全面的建议，涉及如何改良酸性土壤和培肥地力，培育适应低海拔和高温热带环境的品种，防治病虫害及生产系统。在近40年的发展中，Embrapa开发和转移了9000多项技术，培育了350个栽培品种并获得200多项国际专利。

Embrapa农业创新模式获得成功的主要原因如下。一是任务导向型目标定位是其成功的关键因素。自成立之初，Embrapa就明确了其定位——提高生产力而不是科学文献，不鼓励基于兴趣的研发，而要解决巴西农业发展中的现实问题。其每个下属研究机构关注一个特定的主题，如国家需求、地区资源和研究领域等，且采用分权决策管理模式。二是联邦政府的持续资金支持。如果没有强大的联邦政府支持，Embrapa不可能发展壮大。近20年，Embrapa的支出占巴西农业GDP的比例一直保持在1%左右，这一数据可与加拿大（1.2%）、美国（1.4%）和澳大利亚（0.8%）等发达国家2006—2009年的农业公共研发支出相媲美。尽管政府持续36年对该公司的资助计划一直受到各界的争论，但当Embrapa获得盈利后，其战略地位得到了广泛认可。三是持续的人力资源建设。Embrapa把营造精英文化留住研究人才列为优先工作，尤其是在研究人员

第六章 特色农业类国家农业农村现代化实践与经验

招募和晋升方面。每个研究中心都制定了明确长期和短期目标、清晰的任职期限及评价考核标准。作为采用企业化管理模式的研究机构，Embrapa的薪酬制度和结构不同于巴西其他的公共机构，允许对表现优异的研究中心进行奖金式的奖励。四是国际合作和卓越研究。Embrapa建设之初的研究人员主要来自一些知名的大学，这为Embrapa的卓越研究奠定了基础。此外，该机构还通过与美国农业部农业研究局、法国、荷兰的机构建立虚拟的海外实验室，来加强国际合作和促进知识的产生和交流，成为南南合作及非洲和美洲技术转移市场上的领导者。

2. 开展农业深化改革，加速农村人口转移以开展规模经营，重视科技投入并大力发展和应用农业新技术，以提高农业生产效率

近年来，巴西农业增长主要是受生产率大幅提升驱动，相关措施如下。一是农业深化改革促使农村人口转移和农业结构调整，以开展规模经营。20世纪60年代至70年代，巴西进行了规模浩大的城市化运动，农村人口转移到大都市，农村人口比例迅速下降，从1960年的54.0%下降到2017年的13.7%。20世纪90年代，巴西农业部门启动了一系列改革，放松了对小麦、甘蔗、咖啡的市场管控，取消了针对农产品的国家增值税、许可规定和数量限制，实现了贸易自由化。这些改革逐渐使农业资源重新配置，巴西农场结构发生了重大调整，效率低下的生产者退出农业，使农村可以进行规模经营。2006年以后，面积超过1000公顷的农场虽仅占农场总数量的1%，却占有44%的农业土地。二是重视农业科技投入，积极开发和应用新技术以提高农业生产力。巴西重视农业研发投入，在2001年就颁布法令明确规定每年要将当年税收总额的17.5%用于农业科技。对农业研究的长期投资，使巴西农业研究取得了丰硕成果，例如，开发改良土壤技术，把占巴西土地面积22%的酸性土壤改良成中性耕地，使巴西能够利用边际土地以低成本和国际价格竞争优势开展农业生产；培育出大量适合不同地域种植的农作物品种，例如，培育的耐酸性土壤的大豆品种可以实现一年两熟，开发出适应半干旱热带地区的棉花品种，促进了巴西棉花产业的发展；农业生物转基因技术研究较为成熟，并得到了广泛运用，成为全球第二大转基因作物种植国。

3. 利用国外投资，鼓励和扶持农业出口贸易，促进巴西农业快速发展，提高了巴西农业竞争力

巴西农业对外开放程度整体较高，农业领域目前仅海洋捕捞产业不允许外资进入，其他如农业生产、加工及出口领域都对外资开放。根据联合国粮食及农业组织（FAO）数据统计，1991—2016年，巴西农业领域外商投资的均值为2.74亿美元，紧随中国（9.1亿美元）、阿根廷（5.7亿美元）、印度尼西亚（4.5亿美元）之后，居全球第4位。由于巴西政府在土地和农业产业各环节对外资大举开放，外资目前已迅速进入巴西农业生产资料、农作物种植、农产品加工、出口等众多环节。外国投资者通过大规模开发土地，实施规模化经营、机械化作业，显著提升了巴西农业生产效率，增强了农产品出口能力。

此外，巴西政府非常重视外向型创汇农业的发展，通过多种举措来促进农业出口。一是制定包括贷款、价格和税收的优惠政策，大力发展农牧业初级产品加工业，使农牧业产品出口增值。二是通过与其他国家签订自由贸易协议，进行双边及多边贸易谈判等方式，促进了巴西农产品的出口。三是设立出口保险基金及出口信贷基金，鼓励优势农产品出口，提高这些农产品的国际竞争力。近年来，巴西农产品出口成倍增长，农产品出口总值从1990年的46.9亿美元增长至2016年的599.94亿美元，增长了近12倍，成为全球大豆、玉米、食糖、肉类、咖啡和乙醇的主要出口国。大量农产品出口不仅提高了巴西的农业收入，并且通过长期积累形成了品牌优势，促使巴西农业生产力和国际竞争力不断得到提升。

参考文献

[1] 张学军，尹义蕾.节水灌溉仍需追赶，乡村振兴值得借鉴：以色列设施农业考察参观后记[J].农业工程技术，2018，38（16）：74-79.

[2] 王恒.以色列农业发展成就对我国农业发展的启示[J].中国市场，2018（5）：91-92.

[3] 章波.中国和以色列的水技术合作[J].中东问题研究，2017（1）：148-159，265.

[4] 纪江明.现代化农业发展的以色列经验[N].社会科学报，2017-04-20（2）.

第六章 特色农业类国家农业农村现代化实践与经验

[5] 南雄雄，李惠军，王芳，等.以色列沙漠农业对我国西部旱区发展节水农业的启示[J].宁夏农林科技，2016，57（10）：58-60.

[6] 刘北辰.沙漠中的绿色：令人瞩目的以色列高科技农业[J].北京农业，2007（10）：49-50.

[7] 刘北辰.令人瞩目的以色列高科技农业[J].科协论坛，2000（7）：44.

[8] 由娜.以色列发展现代农业问题研究[D].哈尔滨：哈尔滨工业大学，2013.

[9] 鲁启.中国：色列建交后的农业合作[D].西安：西北大学，2010.

[10] 盛立强.以色列现代农业发展中的政府支持[J].合作经济与科技，2014（12）：6-7.

[11] 杨乙丹，王兵.以色列"无缝隙"农业科技推广体系建设的成功经验[J].世界农业，2013（3）：102-106.

[12] 李晓俐，陈阳.以色列创新资源节约型现代农业模式对中国农业的启示[J].经济研究导刊，2015（19）：33-34.

[13] 安康.以色列资源节约型农业模式对中国农业发展的启示[J].中国农业信息，2013（19）：36-38.

[14] 张雅燕，胡明文，胡凯.以色列农业合作社：莫沙夫对完善我国农村社区合作经济组织的启示[J].农业经济，2005（2）：62-64.

[15] 盛立强.以色列农业科技开发与应用推广服务体系研究[J].合作经济与科技，2016（15）：5-7.

[16] 陈三林.荷兰农业产业化的发展回顾与未来展望[J].世界农业，2017（7）：151-155.

[17] 崔林.荷兰如何创造出农业的奇迹[J].北京农业，2013（10）：38-39.

[18] 王守聪，邢晓光，陈永民，等.荷兰职业教育和农业教育的特点及启示[J].世界农业，2014（1）：142-147.

[19] 逄树春.法国、荷兰的农业现代化、产业化经营和农业合作制情况[J].上海农村经济，2001（2）：43-46.

[20] 肖卫东，杜志雄.家庭农场发展的荷兰样本：经营特征与制度实践[J].中国农村经济，2015（2）：83-96.

[21] 汤进华，李映辉，李红霞，等.荷兰城镇化进程中农业结构调整的实践及其对上海的启示[J].中国农学通报，2014，30（17）：56-61.

[22] 范丽萍，章颖.荷兰农业巨灾风险管理政策分析[J].世界农业，2014（5）：36-38.

[23] 赵霞，姜利娜.荷兰发展现代化农业对促进中国农村一二三产业融合的启示[J].世界农

业，2016（11）：21-24.

[24] 曹金臣．荷兰现代农业产业化经营及对中国的启示 [J]. 世界农业，2013（5）：115-117，142，156.

[25] 陈春良．荷兰、日本、以色列设施农业发展经验与政策启示 [J]. 政策瞭望，2016（9）：47-50.

[26] 倪景涛，李建军．荷兰现代农业发展的成功经验及其对我国的启示 [J]. 学术论坛，2005（10）：80-83.

[27] 刘清芝．美国、日本和荷兰农业合作社开展科技服务的经验及其对中国山东省的启示 [J]. 世界农业，2015（12）：47-52.

[28] 顾卫兵，蒋丽丽，袁春新，等．日本、荷兰农业科技创新体系典型经验对南通市的启示 [J]. 江苏农业科学，2017，45（18）：307-313.

[29] 刘尧飞．现代农业科技服务体系建设的国际经验与启示 [J]. 武汉纺织大学学报，2014，27（4）：47-50.

[30] 付晓亮．荷兰"链战略行动计划"的基本特征、可取经验及对中国农业产业化的启示 [J]. 世界农业，2017（11）：213-217.

[31] 雷达．瑞典的生态农业 [J]. 农业技术与装备，2009（5）：30-32.

[32] 罗江月，唐丽霞．瑞典有机农业发展状况 [J]. 世界农业，2012（7）：77-81.

[33] 隋斌，孟海波，沈玉君，等．丹麦和瑞典农业废弃物资源化利用调研报告 [J]. 农业工程技术，2018，38（2）：3-5.

[34] 雷达．瑞典生态农业，百年之后的惊艳转变 [J]. 农村·农业·农民：B 版，2010（11）：52-54.

[35] 徐艳文．别具一格的瑞典农业 [J]. 中国畜牧业，2014（24）：53-54.

[36] 关于北欧农业考察报告 [EB/OL]. [2004-14-04].https://www.taodocs.com/p-34451611.html.

[37] 朱万斌．瑞典是如何让「生物质成型燃料」消费量居世界第一的 [EB/OL]. [2017-04-26]. https://wiki.antpedia.com/article-1398837.

[38] "学生奶奶源升级计划"试点企业赴瑞典奶业考察团，李胜利，王林昌，等．瑞典奶业发展情况考察报告 [J]. 中国乳业，2006（3）：54-58.

[39] 苗滋茂．学习瑞典经验发展绿色养猪业 [J]. 养猪，2001（3）：40.

[40] 任彩晖．独具特色的瑞典农业 [J]. 乡镇论坛，1996（12）：46.

[41] 本刊．瑞典鼓励发展生态农业 [J]. 中国农业信息，2007（10）：16.

第六章 特色农业类国家农业农村现代化实践与经验

[42] 本刊.瑞典鼓励农民发展生态农业[J].山西农业:致富科技,2007(5):53.

[43] 郭伟.瑞典克服自身缺点鼓励发展生态农业[J].农村·农业·农民:下半月,2006(10):53.

[44] 傅元辉.瑞典有机农业社区:吉雅那[J].农业环境与发展,2006(3):26-27.

[45] 薛志成.瑞典发展有机农业的措施:上[J].湖南农业,2004(10):21.

[46] 薛志成.瑞典发展有机农业的措施:下[J].湖南农业,2004(11):22.

[47] ISAAA.2016年全球生物技术/转基因作物商业化发展态势[J].中国生物工程杂志,2017,37(4):1-8.

[48] 蒋和平,宋莉莉.巴西现代农业建设模式及其借鉴和启示[J].科技与经济,2007(4):40-43.

[49] 翟雪玲,赵长保.巴西工业化、城市化与农业现代化的关系[J].世界农业,2007(5):23-26.

[50] 耿晔强,马海刚.巴西农业贸易政策发展演变及启示[J].世界农业,2007(8):36-40.

[51] 王晶,翟琳,徐明,等.巴西农业科技体制改革发展研究[J].世界农业,2015(10):43-46.

[52] SERGIO F, RENAN P. Structural change, productivity growth, and trade policy in Brazil[EB/OL].[2017-10-11].https://www.ifpri.org/publication/structural-change-productivity-growth-and-trade-policy-brazil.

[53] OECD. OECD review of agricultural policies–Brazil[EB/OL].[2005-10-31]. http://ageconsearch.umn.edu/bitstream/52068/2/brazil_e.pdf.

[54] OECD. Overview of the OECD-FAO agricultural outlook 2015—2024[EB/OL].[2015-07-01]. https://www.oecd-ilibrary.org/agriculture-and-food/oecd-fao-agricultural-outlook-2015/overview-of-the-oecd-fao-agricultural-outlook-2015-2024_agr_outlook-2015-4-en.

[55] CORREA P G, ALKMIN JUNQUEIRA SCHMIDT C. Public research organizations and agricultural development in Brazil: how did Embrapa get it right?[EB/OL].[2014-06-01]. http://documents.worldbank.org/curated/en/156191468236982040/Public-research-organizations-and-agricultural-development-in-Brazil-how-did-Embrapa-get-it-right.

[56] MAURÍCIO A L. The Brazilian agricultural research for development(ARD)system[EB/OL].[2012-02-13]. https://www.oecd-ilibrary.org/agriculture-and-food/improving-agricultural-knowledge-and-innovation-systems/the-brazilian-agricultural-research-for-development-

ard-system_9789264167445-27-en.

[57] OECD. Innovation，agricultural productivity and sustainability in Brazil[EB/OL].[2015-07-13]. http://www.oecd.org/environment/innovation-agricultural-productivity-and-sustainability-in-brazil-9789264237056-en.htm.

[58] 杨瑞珍. 巴西现代农业的发展及其对我国的启示 [J]. 中国农业资源与区划，2008（5）：76-79.

第七章 国际经验对我国农业农村现代化的借鉴与启示

一、引　言

典型国家农业农村现代化发展实践经验表明，由于资源禀赋及经济社会条件差异，不同国家现代化的道路具有不同的实现路径与发展模式，表现出不同的特点，但农业农村现代化进程中又具有许多共同的相似性。以美国、澳大利亚为代表的大规模农业类国家通过提升劳动生产率为核心实现农业农村现代化；以英国、法国、德国为代表的中等规模农业类国家通过促进产业融合、提升农产品价值链为核心实现农业农村现代化；以日本、韩国为代表的小规模农业类国家通过提升土地产出率为核心实现农业农村现代化。以色列、荷兰、瑞典等特色农业类国家通过突破资源瓶颈为核心实现农业农村现代化。为此，本章在前面国别分析基础之上，进一步提炼4类典型国家农业农村现代化发展特色，探寻典型国家农业农村现代化的共性特点与一般规律。他山之石，可以攻玉。中国的农业农村现代化进程正在进行中，这是人类历史上史无前例的伟大创举，典型国家农业农村现代化的成功经验必将对我国特色农业农村现代化道路提供有益的经验借鉴与启示。

二、不同类型典型国家农业农村现代化发展特色

（一）以围绕提升劳动生产率为核心的大规模农业类国家

以美国、澳大利亚为代表的大规模农业类国家地广人稀、人少地多，农场经营规模较大，以围绕提高劳动生产率为核心，依靠科技创新大力发展农业机械化、标准化、专业化和产业化生产，达到农业经营成本最小化、利润最大化目标。

一是通过规模化经营、专业化生产、机械化作业，突破劳动力资源限制，大力提高农业劳动生产率。大规模农业类国家普遍人均占有耕地面积大，单位耕地面积内的劳动生产力有限，农业机械化是提高劳动生产率的最佳路径。基于地理环境的大范围农业种植带有利于农业机械化作用的充分发挥，通过引入现代工业化、市场化的经营方式和管理理念，专业化的经营与产业化的发展为实现农业生产成本最小化、利润最大化奠定了坚实基础。例如，美国是全球最早农业生产机械化的国家，其农业生产力在工业机械大范围应用的推动下实现了第一次质的飞跃，确立了其在全世界范围内农业霸主的地位，其后历届美国政府都将农业视为国民经济命脉，通过金融、财政、税收等多项政策手段保障农业产业的快速发展。在澳大利亚，农业机械的智能控制在农用航空、耕作保护技术等方面广泛应用，从畜牧生产到大田作物种植，农业生产的专业化、集约化都达到了很高的程度，针对农业生产的不同品种、不同环节、不同阶段和不同特点分别建立和发展了各种类型的专业化服务机构、公司和组织，显著提升了农业劳动生产率。

二是通过智能农业、精准农业等科技创新模式，发展农业高新技术产业持续提升农业劳动生产率。发展农业科技始终是大规模农业类国家的制胜法宝，科技创新作为引领农业产业走向高端发展的关键环节一直发挥着至关重要的作用。在农业机械化大范围普及的前提下，大规模农业类国家要保持比较优势，持续提升农业劳动生产率，只有依靠不断发展农业高新技术提升农业科技含金量。例如，美国一直非常注重发展以基因工程、细胞工程、生物工程、酶工程为代表的新型农业生物技术，以智能机械装备、精准农业技术为代表的新型工业和信息技术，并首次将信息技术与农业生产全面结合创新发展"精准农业"，高水平降低了农业生产成本，显著提升了生产效率与农产品国际竞争力。澳大利亚则注重把农业科技创新与农业生产的实际需求相结合，同时加大科技创新人才的培养与扶持力度，通过结构合理的科研投入持续培育优势农业生产力，以保持强劲的国际市场竞争水平。

第七章 国际经验对我国农业农村现代化的借鉴与启示

（二）以围绕三产融合、提高农产品附加值为核心的中等规模农业类国家

以英国、法国、德国为代表的中等规模农业类国家人地关系适中，以中小规模农场经营为主，农业产业链条发展相对完善，农业与二三产业的高度融合为农产品附加了较高的经济价值，因地制宜的特色化发展不仅带动了农业产业的转型升级，也推动了区域创新经营主体的多样化发展。

一是发展休闲农业、理性农业、生态农业等特色功能型农业，优化调节区域性资源配置将农业产业链条引向纵深。中等规模农业类国家属于中度资源禀赋的农业发展模式，农业发展既要提高土地产出率也要不断提升劳动生产率，在规模化发展并不能充分释放农业产业潜力的前提下，要想走出一条高质量发展之路就必须因地制宜、另辟蹊径。英国的休闲旅游农业、法国的现代理性农业、德国的生态循环农业，无不是在欧洲农业政策区域一体化影响下成功的先试典范。政府通过优化政策措施积极营造农业产业发展环境，例如，英国改组成立环境、食品与乡村事务部，增加农村基础设施投入，并且开展农业生态环境保护项目，促进农业与旅游产业融合；法国提出建设"兼顾经济、环保和社会效益，可持续发展的多功能农业"目标，成立理性农业和农场资质全国委员会，全方位一体化实施理性农业发展模式；德国成立了联邦环境委员会加强对生态环境的保护，把清洁的空气、水等资源规定为公共产品，通过实施环境保护补贴，使得生产对环境的影响向着有利于环境保护的方向发展。

二是发展农业合作社等多种形式的中介服务组织，构建支撑农业全产业链的一体化串联式服务体系。中等规模农业类国家在促进农业三产纵深融合过程中，一直非常注重农业中介服务体系的建设，农业合作社作为其中重要的组成部分一直发挥着不可替代的作用。农业合作社广泛开展购销、加工、运输、信贷等多项经营服务活动，始终与农业产业的各项经营活动紧密相连，合作经济已发展成为支撑国家经济发展的重要力量。英国的农业合作社，面向全产业链提供生产资料供给、种植技术支持和市场信息服务；法国农业合作社呈现多元化与层次化的特点，通过国家、地区和基层组织三级管理，统筹协调服务活

动，促进理性农业迅速发展；德国的农业合作社遍布整个农村地区，德国农村地区的繁荣和发展做出了重要贡献，每年在农作物和畜牧农产品方面创造约39亿欧元的价值，极大地促进了国家经济的发展。

（三）以围绕提高土地资源利用率为核心的小规模农业类国家

以日本、韩国为代表的小规模农业类国家资源禀赋非常稀缺，以分散式小规模家庭经营为主，劳动生产力老龄化严重，提高土地产出率，解决小规模经营与大市场的矛盾成为这类国家农业现代化发展的主要目标。

一是通过优化社会化服务体系突破小规模经营瓶颈，实现小农户与大市场的有效链接。小规模农业类国家的农业生产经营单位体量相对较小，小农户自主开展农产品生产、加工、储存、运输和销售等链式环节的对接成本较高，农业产业发展壮大需要建立健全多元化无缝支撑服务。通过大力开展各项社会化服务事业，可以实现小农户分散经营与大市场集中交易的有效链接。日本农业协同组织体系完善，主要包括基础农协和全国联合组织两大部分，其中全国联合组织在国家农业政策的制定中具有一定话语权，在提高小农户组织化程度、保护自耕农利益、调节农产品市场供需、保障国家粮食安全、维护农村繁荣和稳定等方面都发挥了积极的作用；韩国农协是受国家委托行使保障和维护农民权益的公共权力机构，分为中央农协和设在乡镇的基层农协两个层次，采用一元化的综合农协体制经营，一方面贯彻各项国家的农业支持政策，另一方面代表小农户争取更佳的优惠倾斜，综合提高小规模农产品的市场竞争力，保证农业农村经济与国民经济协调发展。

二是依托科技创新推动传统农业转型升级，发展高附加值、创意型精致农业，提高综合农业产值。小规模农业类国家借助农业高新技术不断提升农产品核心竞争力，以特色化布局、标准化生产、产业化经营为主要抓手，开展精致性的农业生产资源调配，增加农业经济效益，均衡农产品生产，提高农民所得，在一定区域范围内实现高质量、高效益、高水平的综合性农业产业体系发展。日本开展"一村一品"运动帮助农村发展特色产业，充分利用本地资源优势，因地制宜，挖掘可以成为本地区标志性的、具有当地特色的产品或服务，重点抓产地建设、基础建设、培育品牌、培养人才4个环节，极大地提高了日本农业在国内外市场的知名度，增加了农业收入；韩国最初开展新村运动是为了改善农村生活环境、增加农民收入，随着改革的不断深入，农业资源高效利用技术逐渐在带动地方特色产品发展上显现出强劲优势，政府适时推出"农渔村结构改善计划""大规模综合农业开发计划"等，对引导科学种田、增加优质农地供应、扶持农产品加工和完善农产品流通亦有积极作用，实现了区域性农产品深加工一体化整合。

（四）以突破农业资源限制瓶颈为核心的特色农业类国家

特色农业类国家在发展现代农业过程中纷纷走出了不拘一格的特色发展之路，其中以色列、荷兰和瑞典的自然禀赋局限性大、先天资源优势不足，通过大力发展农业科技创新取得了现代农业产业发展的瞩目的成绩；巴西作为发展中国家，虽然自然资源条件较好，但粗放型的生产方式长期以来限制了农业产业的发展潜力，近年来巴西以科技创新为支撑开展农业深化改革，在短短30多年间从一个粮食进口国转变成享誉世界的"21世纪的世界粮仓"。

一是大力发展农业高新技术，突破自然资源束缚和发展瓶颈提高农业生产效率和市场竞争力。以色列、荷兰和瑞典普遍人口稠密，人均耕地面积较小，自然资源贫乏成为制约农业生产率、农业产业结构调整发展的主要矛盾，例如，以色列气候干燥、干旱缺水，荷兰土地耕地面积世界最小，瑞典国土面积一半以上被森林覆盖。在这样的背景下，依托科技创新引导资源型农业向科学型农业转变，发展资源节约型生态农业，成为各国农业发展战略的优先选择。以色列面对干旱缺水的资源现状，主动调整产业结构，从粮食生产为主转向花卉、蔬菜、水果等产业，创新发展节水灌溉等农业科技和工厂化现代管理体系，培育出高科技、高质量、高产出的现代农业产业；瑞典致力于生态平衡和农业可持续发展，政府采取行之有效的农业生态环境保护政策，改善了农业生产与自然环境的关系，生态农业、循环农业、绿色农业目前处于世界领先地位；荷兰依靠世界领先的玻璃温室技术和太阳能发电等技术，建立了世界一流的设施农业和精准农业系统，并通过家庭农场的规模化经营解决了土地资源短缺的问题，发展订单农业实现了农户与市场的高效衔接，成为科技型农业发展的典范。

二是发展农牧研究院农业创新模式，通过深化结构性改革和鼓励出口创汇增强农业竞争力。为应对粮食危机，巴西创办了由农业食品供应部管理的巴西农牧研究院（Embrapa），其主要职能就是为政府部门更好的指导农业发展、提高农业生产力提供综合全面的智力支撑。在联邦政府的资助下，Embrapa采用分权决策的管理模式，对国家农业发展需求、地区农业资源优化和农业科技创新技术等方面开展任务导向型研究服务。这种自上而下的农业创新模式，为政府深化农业结构性改革、增加科技创新投入、扩大农业对外开放程度提高了效率。

三、典型国家农业农村现代化发展共性经验借鉴

（一）注重战略谋划与实施，因地制宜、因时而异、分类施策，为农业农村现代化提供全面的立法与政策保障

有效的农业政策是提升竞争力、促进农业农村现代化发展的关键。国际经验表明因势利导的农业政策是助力推动农业农村现代化的必要条件。一是完善的农业法律体系提供立法保障。美国、日本和欧盟各国均制定了完善的农业法律法规体系，如限耕限产、贸易保护等，对本国的农业发展、农民增收等实行政策保护和支持。二是因地制宜，因时而异，分类施策，完善农业补贴制度为农民解除后顾之忧。美国的农业补贴种类繁多，几乎覆盖所有农产品，同时为适应经济不同阶段发展要求，农业补贴的重点及方式随之不断调整。20世纪60年代至80年代，注重对农村发展和环境保护进行补贴；20世纪80年代，降低政府对农业的补贴，并研究制定土地储备保护计划；21世纪初期，推行直接支付、反周期支付和收入补贴政策及信贷和风险管理措施，并注重加强对水资源和土地的管理。

（二）建设布局合理、功能完备、分工明确、运转高效的农业科技创新体系，为农业农村现代化提供坚实的科技支撑

农业科技创新体系是提升农业科技水平，推动现代农业发展的重要科技

第七章 国际经验对我国农业农村现代化的借鉴与启示

支撑。典型发达国家，立足本国农业资源禀赋，围绕农业科技研发、推广和应用，搭建具有本国优势和特色的农业科技创新体系。

美国农业科技创新体系主要由科研机构、大学、企业、农场主等组成，其中，研发主体主要包括科研机构、大学、企业，推广主要包括大学、推广机构，应用的主体主要是农场主。该体系主要实现三个职责，一是通过法律保障，促进农业科技创新；二是保证经费投入，多渠道筹措资金；三是重视科技人才培养，提升农民素质。

日本农业科技创新体系主要由国立与公立科研机构、大学和企业4部分组成，农业科技推广则采用国家政府与民间农协相结合的双层组织结构，两者既相对独立又密切协作。日本农业科技应用系统主要由农户和农业企业组成。日本通过政策扶持，营造环境，创建灵活、高效的科研管理机制，加强官产学研密切合作，搭建合理、协作的运行机制建设农业科技创新体系。

荷兰将农业科技研发、推广和教育协同发展，形成农业科技创新的三角架构，构建全国性的农业科技创新体系网络。注重引入市场机制，将农业科研机构和推广机构推向市场，增强研究、推广的专业性和市场竞争力。农业科技推广服务机构则采取有偿服务方式提供专业化技术服务。

（三）强化拓展农业基础研究和农业前沿技术，培育农业高新技术产业，为农业农村现代化提供强大支撑引领

高新技术是现代生产力中最具活力的因素，高新技术产业是世界经济中增长最快和最具发展前景的行业。用高新技术改造传统农业，正在成为世界大多数国家和地区农业发展的主流。

美国始终将生物技术作为高新技术产业发展的重中之重，并在全球一直处于领跑地位。一是研究制定生物技术战略规划。设有专门的生物技术委员会，动态跟踪生物技术发展，专题研究生物技术发展方向。二是营造生物技术发展环境。在法律层面，加强对生物技术的知识产权、技术转让、技术扩散等保护，提高研发积极性。三是建立生物技术多元投资渠道。长期以来，美国政府注重不断加大对生物技术基础研究的研发投入力度。四是整合资源合作研发。

构建由政府、企业、科研机构和大学构成的联合研发机制，整合优势资源力求生物技术取得重大突破。

英国关注人工智能产业发展，先后投入大量资本、科研力量，加快人工智能技术与产业化发展。一是资助人工智能研发。英国工程与物理科学研究委员会（EPSRC）围绕智能技术和系统研发，先后资助近150个相关科研项目。二是集聚人工智能产业。英国大部分人工智能公司集中在"伦敦－牛津－剑桥"地区。伦敦是英国人工智能创业公司和中小企业的核心地区之一，在英国排名前50位的人工智能公司中，80%位于伦敦。牛津依托当地良好的科研优势，拥有深蓝实验室和DiffBlue等机构和企业；剑桥的人工智能初创型企业比较多。三是增强人工智能科研产出。长期以来，英国拥有并保持着较强的人工智能科研实力。牛津大学、剑桥大学、帝国理工学院及伦敦大学学院等在人工智能基础研究，尤其是机器学习领域形成了深厚的科研积累。2011—2015年，英国发表的人工智能学术论文数量排名全球第四，位列中国、美国和日本之后。从论文引用率来看，英国的研究质量超过中国，略逊于美国，排名第二。

（四）搭建农业产业科技创新平台，开展技术集成与示范、成果转化、创业孵化和技术培训等多种服务，为农业农村现代化提供产业技术支撑

现代农业科技园区是集科技研发、成果孵化、示范推广及农业资金为一体的农业发展新型模式。20世纪70年代，以色列、日本和美国等国家纷纷建立集示范、推广、旅游和教育等功能于一体的农业科技园区，其发展模式是向农业生产主体展示先进的农业设施、高新技术及新的生产模式。

以色列针对干旱、少雨、沙漠化的现状，加强高效节水农业、循环农业技术研究展示，并建立高效节水生态农业园区。一是建设集水设施。引导鼓励各个农业科技园区最大限度收集储存雨水。二是加强节水灌溉技术研发。构建科学完善的节水系统，不断提升其节水水平。三是加大废水循环处理技术研发。研发将城市及工业用过的废水经处理变成农业灌溉的循环用水。除了资金支持外，以色列的相关法律明确规定，节水制度与农产品销售挂钩，农产品的最终

第七章　国际经验对我国农业农村现代化的借鉴与启示

价格与节水多少有直接关系。经过几十年的探索，以色列实现了农业自给，并开始大量出口农产品。

荷兰针对农业资源缺乏的现状，建立农工商一体化型设施农业园区。园区基础是设施农业，通过设施农业的市场化运作，保证其生产、经营及运行完全是市场化行为，在农产品销售、加工、资金筹集等方面为农户提供服务，保证设施农业运作的专业性和单一性，最终形成了高度集约化、专业化、分工化的农业生产体系。

（五）培育多层次、高素质的农业人才队伍，构建完善的农业人才培育体系，为农业农村现代化提供充足的人才保障

培育高素质、具有高度社会认同感的职业农民是促进农业现代化发展的突破口。发达国家普遍采取多种措施建立完善的农业人才培育与支持政策体系，为农业农村现代化提供人才保障。

一是发展职业农民教育。发达国家通过立法保证职业农民教育的发展。法国政府对农民职业教育培训的资助额度与高等农业教育投入相当；英国规定凡是参加职业教育培训的农民，每天给予生活补助，同时保证农业职业教育培训与上岗就业、产业发展和市场需求紧密联系，培养具有较强能力的职业农民。二是建立多层次农业教育体系。围绕提高农业科技创新能力和科技推广效率，培养高素质的农业科技人才。发达国家普遍建立了不同层次、不同类型、不同形式的职业农民培训模式，以保证农业发展对各层次人才的需求。三是实行农民职业准入制度。英国农民职业教育培训体系以获得学位证、毕业证、技术证为达标目的。法国职业农民教育实行文凭晋升机制和农业经营准入制度，规定在农业职业技术学校学习一年，可获得农业职业资格证书并取得上岗资格。

（六）健全农业社会化服务体系，充分发挥合作社、协会、金融机构等组织积极作用，为农业农村现代化提供全面的服务保障

农业社会化服务体系是现代农业发展不可缺少的组成部分，也是衡量国家农业现代化的重要标准。发达国家的农业社会化服务体系完善且运作效率较

高，具有较强的专业性与公益性，在农业农村现代化的发展中起到重要作用。

美国建立以大学为依托的社会化服务体系。美国农业社会化服务体系主要由公共农业服务系统、合作社农业服务系统与私人农业服务系统3部分构成。公共农业服务系统负责组织农业教育、科研与推广，为农业提供最基本的服务；合作社农业服务系统为农户提供购买、销售、信贷、技术、灌溉、运输、仓储、电力、电话等服务；私人农业服务系统一般通过与农民签订合同的形式将服务送到农民手中，以从中赚取利润。"公司+农场""公司+农户"与合作供销是美国农业社会化服务的3种形式。"公司+农场"主要服务农产品加工销售环节；"公司+农户"既可服务生产资料购买，也可服务农产品加工销售；合作供销主要是由各种类型的农业合作社提供服务，如采购、销售、物流、信用合作等。

日本实行以政府和农协为主的社会化服务体系。农协是日本规模最大、影响最广的农村综合性合作社，大概有99%的农户都加入农协。提供的服务内容包括以下几方面。一是农业生产资料的供应服务。由农协代表农民，与供应商谈判购入生产资料，并按购入价格卖给农户。二是农产品流通服务。农协承担着农产品流通的职能，农协负责农产品的统一市场销售。三是农业金融服务。农协设有自己的信用合作社，通过吸收存款的方式为农户提供低息贷款。除了信贷服务之外，日本农协还为农民提供农业保险服务。

四、启示与建议

（一）加强政府顶层设计和宏观指导，全力推动农业农村高质量发展

创新驱动发展战略、乡村振兴战略的实施需要政府部门的顶层设计和宏观指导。世界主要发达国家的经验表明，各国政府通常通过制定战略规划、宏观政策等，直接或间接干预，合理配置科技资源，引导创新资源围绕现代农业农村发展开展相关活动。因此，在农业高质量发展的时代背景下，亟须充分发挥我国政府部门在规划引领、政策制定、要素投入、管理服务等方面的主导作用，确保乡村振兴持续深入推进。一是国家层面跨部门组建乡村振兴战略实施

第七章 国际经验对我国农业农村现代化的借鉴与启示

领导小组，按照"全国农业农村发展一盘棋"的思路，组织开展乡村振兴战略实施前瞻性研究，宏观指导全国乡村振兴战略实施工作，顶层谋划农业科技创新布局和攻关任务，协调解决乡村振兴战略实施中面临的各类问题、难题，确保各项任务措施落到实处。二是各地因地制宜推动农业农村发展，地方政府部门根据乡村振兴战略实施总要求，结合各地资源禀赋、生态功能、生产规模、产业基础、经营主体等差异，因地制宜，分类施策，提供适用于不同区域、不同主体的技术解决方案和政策举措，推动形成各具特色、平衡协调的乡村发展新模式。三是政府相关部门围绕技术创新、产业发展、成果评价、转移转化、人才支持、基础设施建设、资源优化配置等，协同制定协调统一的政策体系，引导各类资源向农业农村现代化发展的重点领域和重点研究方向集聚，形成合力，加速各地乡村振兴战略实施进程。

（二）构建完善农业科技创新体系，大力确保农业科技有效供给

建设创新农业科技体系是发达国家发展现代农业的普遍经验。与发达国家相比，我国现行的农业科技创新体系对标创新驱动战略和乡村振兴战略两大战略实施的总体要求，在原始创新能力、前沿研发能力、农业产业竞争力等方面还存在明显不足，还很难在两大战略的实施中发挥根本性作用。因此，亟须围绕新时代农业农村发展需求，丰富并完善由知识创新体系、技术创新体系、产业创新体系、区域创新体系、基层创新体系及服务体系、人才体系、环境体系（5+3）组成的农业科技创新体系。一是知识创新体系，主要以公益性高等学校、科研院所为主体，聚焦解决制约农业农村发展的基础问题、前沿和核心技术开展攻关，提升原始创新能力。二是技术创新体系，主要由企业、大学、科研院所协同推进，围绕农业产业发展难题，联合攻关技术瓶颈。三是产业创新体系，包括农业产业科技创新中心、现代农业产业技术体系、农业产业技术创新联盟、产业技术研究院和农业创新型产业集群，主要为农业高技术产业培育、农业产业竞争力提升提供技术支撑。四是区域创新体系，重点依托省市农业科研院所、农业科技园区组建，主要为破解区域农业重大关键技术问题和推动区域农业产业发展提供技术支撑和服务。五是基层创新体系，主要以县域创

新为引领，带动辐射村镇创新发展。六是服务体系，聚焦成果转化、技术转移、孵化培育、科技金融、知识产权服务等功能，建设新农村发展研究院、布局星创天地、设立国家农业科技成果转化引导基金及探索建立乡村绿色技术银行等，实现创新转化服务的社会化市场化公益化。七是人才体系，以农业农村原始创新、成果转化和创新创业人才的培养为目标，培养农业创新领军人才、创新创业人才、科技特派员及新型职业农民等。八是环境体系，通过创新政策制定、持续科技投入等，营造良好的创新生态。

（三）增强农业科技的原始创新能力，攻克关键领域核心技术瓶颈，提升我国农业综合竞争力

科技创新受到各国重视，增强自主创新能力是支撑世界各国农业农村现代化发展的基石和提高农业竞争力的关键所在。相比发达国家而言，我国农业科技创新基础尚未牢固，自主创新能力有待提升，关键领域核心技术瓶颈有待破解。例如，我国高端蔬菜种子50%以上的市场份额受外资种业公司控制，70%以上的高端农产品加工设备和大型农业机械装备依赖进口。"农业出路在现代化，农业现代化关键在科技进步"。新时期，大力提升我国农业科技自主创新能力，尽快攻克关键领域核心技术瓶颈迫在眉睫。一是加快推进农业科技体制改革，加强农业科技创新战略部署，加大政府农业科技投入力度，切实打造有利于高水平农业科技成果涌现与农业科技人才辈出的创新环境，切实捋顺从基础研究与前沿技术研究、关键技术研发与集成创新到成果转化与技术推广的创新链条。二是尽快出台农业关键领域核心技术相关的工作指导意见，建立健全提升原始创新能力的保障机制。我国农业科技投入水平较低，亟须加强农业研发尤其是农业基础研究的投入力度。2015年农业研发投入强度仅为0.6%，不仅低于全球农业R&D投资强度（1.4%），也显著低于我国R&D总体投入强度（2.1%）。同时，加强顶层设计，对于经过科学评估后选准的突破点，应该在政策、资源等各方面予以大力扶持，集中优势力量协同攻关实现突破，从而以点带面，整体推进。另外，遵循科技活动规律，推动科研成果的分类评价体系，改变"唯论文论"的单一考核评价现象。根据行业和科研机构特点及不同类型

第七章 国际经验对我国农业农村现代化的借鉴与启示

科技人员岗位要求，制定相应的分类评价指标体系和实施办法，进一步强化以科研成果与产业需求关联度、技术研发创新度和对产业发展贡献度为主要指标的评价导向。三是系统梳理制约我国农业领域的核心技术瓶颈，做好前瞻性战略谋划。通过及时跟踪和了解农业领域科技前沿发展动向，把握和研判农业领域科技发展趋势，重点识别卡脖子的瓶颈技术和代表未来发展方向的颠覆性技术，为我国明确未来科技规划重点和优化科技发展布局奠定重要基础。四是加强创新链各环节的研发部署，建立分工明确、高效的、协作与竞争并存的协同创新模式。以国家重大需求和产业需求为导向，加强引导各创新主体明确自身的定位和优势，例如，综合性大学和中科院等机构应瞄准基础研究，农业大学和地方大学侧重技术应用研究，农业企业专注技术创新。同时，改革科研攻关模式，组建分工合理、资源共享、协作与竞争并存的高效团队，从根本上避免低水平重复、同质化竞争、碎片化扩张等诸多不利现象。

（四）强化科技创新平台建设，有效促进产学研企协同发展，积极引导创新资源向农业农村聚集流动

农业科技创新平台是农业信息化背景下由农业人才培养平台、农业技术研发平台和农业创新服务平台组成的农业技术综合发展平台，是国家实施农业创新驱动发展战略的重要支撑，是推动农业科技集成研发与成果转化应用的重要载体。例如，美国形成了集农业科研、教育、培训、推广应用为一体的创新平台体系，有效地推动了农业农村现代化进程。一是围绕国家农业科技发展战略，瞄准世界科研前沿技术，统筹规划，重点建设与布局一批农业科技创新平台，优化国家重点实验室、工程技术中心、区域试验站、种质资源库（圃）等重点创新平台布局，加大经费投入支持力度，加强协同创新作用发挥。二是瞄准农业主导产业发展需求，以产业链布局创新链，突破产业链中的技术瓶颈，形成可复制、可推广的产业科技创新模式，在国家农业高新区、国家农业科技园区、星创天地及省级农业高新区或农业科技园区等进行示范推广。三是建设成果转化与推广服务体系，切实破解科技与生产"两张皮"现象。一方面，改革科研管理与成果人才评价的体制机制，从源头上填平科技创新与产业应用的

沟壑；另一方面，加快农业科技中介服务市场建设与中介服务组织培育，重点培育以成果转化、技术转移、企业孵化、人才培训、科技金融、知识产权交易等为目标的创新服务型社会组织，实现创新转化服务的社会化与市场化。

（五）完善农业社会化服务体系，提高农业生产经营的集约化、组织化、规模化、社会化和产业化水平

发达国家现代农业发展的经验表明，新技术的产生和应用主要依赖健全的社会化服务体系，如日本的农协、美国的农业合作社等，它们在农业生产的整个过程中为农民提供全方位的服务，对农业现代化起到了重要作用。与发达国家相比，我国的农业社会化服务体系发展还相对滞后，社会化服务的主体、内容相对单一，难以满足日益增长的现代农业生产经营需求。因此，迫切需要建设覆盖全程、综合配套、便捷高效的多元化、专业化、市场化的社会服务体系。一是发展农民专业合作社，延伸农业产业链，实现小农户和现代农业发展的有机衔接。加快农民专业合作社建设，作为我国农业服务的重要供给主体，加大对合作社政策扶持力度，鼓励同一区域内业务相近的合作社联合形成规模效应，通过内部提供、外部获取等方式，为农民生产提供更为全面的业务培训、农资供应、病虫害防治、市场对接等服务，降低中间交易成本，助推农民增收，实现促进小农户与大生产的有效衔接。二是发展农村中介服务组织，促进农业生产结构合理化，创新农村社会管理体制，提高农村社会公共服务水平。大力发展农村中介服务组织，通过培育建设农产品购销组织、农民经纪人等，建立"农户+中介组织+市场"的生产模式，为农民和农村经济发展提供农业法律法规、生产计划制定、信息咨询、市场营销等专业化服务。此外，发展农村中介服务组织，提高农村社会公共服务水平，还可以为创新农村社会管理体制提供一个突破口和着力点。三是搭建农业金融服务平台，建设以农村信用社为核心、国有商业银行为主体、民间借贷为补充的农村金融服务体系。要根据农村农业发展需要，不断增设新的农村金融机构，增加覆盖密度，为农户、农业企业、合作社等提供信贷、保险、投资、租赁、信托等综合性金融服务，努力提高农村金融服务质量。四是建立"政府引导、市场驱动"的农业知

识产权服务体系，创新服务内容与服务模式，构建农业知识产权基础信息资源数据库及公共服务平台。通过建立农业知识产权交易体系和交流平台，引导社会资金投资农业知识产权信息化建设，通过组建知识产权服务机构建立公共服务平台，开展市场化农业知识产权信息管理与服务，满足不同层次知识产权信息需求。

（六）大力加强农村实用人才队伍建设，助力新型农民领跑农业农村经济发展

我国农业科技人才存在队伍总量不足、整体素质偏低、结构不合理、培训投入偏低和人才流失严重等问题。农业科技人才是指受过专门教育和职业培训，掌握农业专业知识和技能，专门从事农业科学研究、技术推广、知识传授的人，以及农村实用技术实践掌握者。发达国家通过强化政府积极引导、促成多元培养机制、构筑多维激励体系、健全社会保障制度等方面大力推进农业科技人才开发利用。一是加强实用人才队伍培养，建立新型职业农民实习实训基地和创业孵化基地。借助新农村研究院、农业高新区、农业园区、农业企业、星创天地等平台，以农业高新区、农业科技园区、高等学校新农村发展研究院、农业科技型企业等为载体，整合科技、人才、信息、金融等资源，面向科技特派员、大学生、返乡农民工、职业农民等创新创业主体，提供创新创业指导、科技示范、成果转化、融资孵化等综合性服务。二是要围绕现代农业科技前沿和产业重大需求着力培育基础性创新人才，面向农业企业选拔推荐创新创业领军人才和团队。要深化科技体制机制改革，加强人才队伍建设，培养造就一大批农业科技人才，提升自主创新能力，加快农业科技成果转化应用，提高土地产出率、资源利用率、劳动生产率，实现"藏粮于技"。围绕现代农业科技前沿和生产需求，突出农业基础性创新人才教育培养，做到出人才、引人才、留人才；同时面向农业科技型、创新型企业，分层次、多渠道培养选拔农业农村领域创新创业领军人才和团队。三是充分发挥科技特派员、"三区"人才等在农业科技成果转化和技术服务方面的先天优势，优化科技成果转化服务人才队伍结构，提高人才队伍素质。加强成果转化服务人才队伍建设，完善农业技

术推广组织，增加农技推广经费，提高转化服务人员素质，充分发挥科技特派员、"三区"人才等在成果转化和技术服务方面的优势，实现先进技术的转移转化，培育壮大当地特色产业。健全农业社会化科技服务体系，解决农业科技服务"最后一公里"问题，推动现代农业全产业链增值和品牌化发展，促进农村一二三产业深度融合、城乡一体化发展。